华侨大学教材建设资助项目

海外华裔青少年传统文化系列读物

贾益民 主编

走进中国传统民俗

洪桂治 编著

暨南大学出版社
JINAN UNIVERSITY PRESS

中国·广州

图书在版编目（CIP）数据

走进中国传统民俗／洪桂治编著．—广州：暨南大学出版社，2024.6
（海外华裔青少年传统文化系列读物／贾益民主编）
ISBN 978－7－5668－3638－0

Ⅰ.①走…　Ⅱ.①洪…　Ⅲ.①风俗习惯—中国—青少年读物　Ⅳ.①K892－49

中国国家版本馆 CIP 数据核字（2023）第 055783 号

走进中国传统民俗
ZOUJIN ZHONGGUO CHUANTONG MINSU
编著者：洪桂治

出 版 人：阳　翼
项目统筹：杜小陆
责任编辑：潘江曼　梁念慈
责任校对：高　婷
责任印制：周一丹　郑玉婷

出版发行：暨南大学出版社（511434）
电　　话：总编室（8620）31105261
营销部（8620）37331682　37331689
传　　真：（8620）31105289（办公室）　37331684（营销部）
网　　址：http：//www.jnupress.com
排　　版：广州良弓广告有限公司
印　　刷：广州市友盛彩印有限公司
开　　本：850mm×1168mm　1/32
印　　张：5.875
字　　数：130 千
版　　次：2024 年 6 月第 1 版
印　　次：2024 年 6 月第 1 次
定　　价：36.80 元

总　序

中华传统文化源远流长，博大精深。中华民族形成和发展过程中产生的各种思想文化，记载了中华民族在长期奋斗历程中开展的精神活动，进行的理性思考和创造的文化成果，反映了中华民族的共同精神追求，其中的核心内容已经成为中华民族最根本的文化基因。

中华优秀传统文化融汇孕育的哲学理念、道德思想、美学品格、人文精神等构成了不朽的文化思想经典，造就了中华民族特有的价值取向、思维方式和审美情趣。生活在世界近200个国家和地区的6000余万华侨华人，身处不同国家、不同民族、不同地区文化差异和交融的多元文化环境之中，经历了持续的文化流变，深受多样态文化的碰撞，更面临着如何在融入当地社会的同时，又避免失去自身民族文化特质的挑战。近年来，随着中国综合国力的提升，国际影响力的扩大，尤其是伴随着“一带一路”倡议的实施和推进，世界上学习中文的人数逐年增加，“华文热”“汉语热”持续升温，其中华侨华人为此做出了巨大的贡献。一直以来，广大华侨华人在重视华裔子弟民族语言传承的同时，其实更加重视中华优秀传统文化的学习与传承，因为中华优秀传统文化是他们的“根”之所在，是他们的“魂”之所在，也是他们的“梦”之所在。

“文化构建精神家园。”中华优秀传统文化是中华民族的血脉，更是中华民族共同的精神家园。中华优秀传统文化的传承和弘扬，要结合新的时代条件才能有效落实。为吸引海外华裔青少年有兴趣深入学习和了解中华文化，欣赏中华文化，我们组织编写了这套“海外华裔青少年传统文化系列读物”。每册读本紧密围绕中华优秀传统文化的一个主题进行聚焦式深度呈现，融知识性、故事性、趣味性与文化性为一体，可读性强；同时，科学控制文本字数、词汇难度和段落长度，以适应华裔子弟的华文阅读水平。希望“海外华裔青少年传统文化系列读物”的出版，能为海外华裔青少年学习、体验、感悟、欣赏中华优秀传统文化提供一条新的“文化通道”，并作为海外华文教育教学的参考读物，助力提高华文教学质量，提升华裔青少年的华文水平，为中华文化国际传播做出应有的贡献。

是为序。

贾益民

2019 年 2 月

前　言

中华优秀传统文化是中华民族的精神命脉，是中华民族最深厚的文化软实力。一方面，中华传统文化作为全世界华人共同的精神家园应当得到传承；另一方面，中华传统文化作为人类文明中的瑰宝应当向世界广泛传播。而华侨华人是中华文化走向世界的重要桥梁。从历史上看，中华文化的国际传播很多时候都是伴随着中国人走向海外才得以实现的。海外各国人民通过与华侨华人的交流，逐步了解中华文化，这种传播方式的效果是任何其他方式都难以替代的。

广大华裔青少年虽久居海外，但仍具有学习中华传统文化的内在需求，这种需求随着中国综合国力的提升和影响力的扩大而日益强烈。青少年代表着未来和希望，华裔青少年认知、欣赏并传承中华传统文化，是中华文化根脉在海外华侨华人身上永续流传的重要保证。我们编写这套“海外华裔青少年传统文化系列读物”，就是为了帮助海外华裔青少年了解中华优秀传统文化，促进中华优秀传统文化的传承与传播。

《走进中国传统民俗》是“海外华裔青少年传统文化系列读物”之一。民俗是什么？对海外华裔青少年来说，民俗既熟悉，又陌生。曾有一位泰国华裔骄傲地告诉我，他的先人姓“庄”，这在他的泰文名字中清楚地记着呢！是的，他读懂了他名字中“Saejung”的含义。也有一位来自印度尼西亚棉兰的女孩说，她每年会跟妈妈一起做很多“拜拜”的活动，可是她不明白为什么要这么做。她模了形，却还没寻到“根”。

是的，海外华侨华人群体有意无意地承袭了很多中华民族的生活方式、生活习惯。过年吃饺子，端午节吃粽子，清明节祭拜祖先，家有喜事时身穿红色吉服，父母在则不做寿……有人说，民俗就是“生活相”。人居其地，习以成性，谓之俗焉。对中国人来说，这些都是生活最自然而然的状态。但如果穷根问究底，却有许多学问，这种学问就是民俗。它悄然支配着我们，指导规范着我们的衣食住行、礼仪礼貌、待人接物。那么，究竟什么是民俗呢？民俗，即民间风俗，指一个国家或民族中广大民众所创造、享用和传承的生活文化。它起源于人类社会群体生活的需要，在特定的民族、时代和地域中不断形成、丰富和演变，为民众的日常生活服务。没有文字或人规定我们这么做，但我们会不自觉地进行这样一种生活方式，且甘愿接受这种模式性规范的保护。

民俗涉及的内容很多。劳动时有生产劳动的民俗，日常生活中有日常生活的民俗，传统节日有传统节日的民俗，社会组织有社会组织的民俗，人生成长的各个阶段（如出生、结婚、寿辰直至死亡）也需要民俗进行规范。《走进中国传统民俗》的编写，旨在通过“民俗”这一载体，让海外华裔青少年感知、领悟、传承中华传统文化，进而推动中华文化更好地走向世界。为此，读本精选了“姓氏、生肖、诞生、寿辰、婚嫁、丧葬、节日、节气、祭祖、服饰、民间信仰、民间智慧”12个民俗文化专题，编为12课，既普及相关的民俗知识、民俗礼仪，又介绍了与特定民俗相关的历史人物或历史故事；既寻根溯源，又延展到民俗在当代的发展、变化。在读本中，每课设5个板块。

一、民俗小讲堂。该部分以轻松活泼的对话形式，对专项民俗的文化内涵、礼节禁忌进行讲解，帮助读者理解专项民俗具有代表性的内容。

二、民俗知识窗。该部分以图文并茂的方式对专项民俗关涉的知识进行详细的阐释，帮助读者更全面了解相关的民俗项目。

三、民俗故事。该部分讲述与专项民俗相关的历史故事、传说，通过故事、传说呈现中国传统民俗的元素与思想观念。

四、民俗百宝箱。该部分展示与专项民俗相关的物品。这些物品有的是生活器具，有的是民俗菜肴，承载着民俗生活的衣食住行、礼仪禁忌。

五、民俗知识拓展。该部分为拓展内容，选择与该课主题相关的民俗项目，对其在现当代的传承与发展进行介绍，引领读者进一步了解该课专项民俗相关的中华优秀传统文化与现当代文化，扩大读者的视野。

考虑到本书的读者主要是海外华裔青少年，我们在编写时做了以下两点特殊安排：第一，“民俗小讲堂”这一部分出现的人物是两位华裔青少年和一位民俗学教授，这样的人物设置更贴近读者的生活，缩小了读者和读本之间的心理距离。同时，对话的呈现形式也有利于读者理解。第二，“民俗知识窗”“民俗故事”“民俗百宝箱”“民俗知识拓展”部分的文本严格控制字数、字词难度，通常选择相对简单、易于理解的词汇，个别难点词标注释义，生僻字标注拼音。

本书既可以作为中华民俗课的教材或配套读本，又可供有兴趣的读者自行阅读。我们真诚地希望本书能够为海外华裔青少年提供一个平台，帮助他们走进中国传统民俗的世界。

本书在编写过程中，参考、吸收了前贤和时贤的许多见解和智慧。华侨大学华文学院汉语国际教育专业研究生杜静雪、陈艳娜、孙琰、吴佳佳、张爽、张晓雅参与了资料搜集和整理工作，在此一并致以诚挚谢意。

人物介绍

华爷爷

民俗文化学教授，辰龙和木兰的民俗文化课老师。

辰 龙

华裔男中学生，跟随华爷爷学习中华民俗文化。

木 兰

华裔女中学生，跟随华爷爷学习中华民俗文化。

走进中国传统民俗

目录

contents

第一课

姓氏——初向众中留姓氏

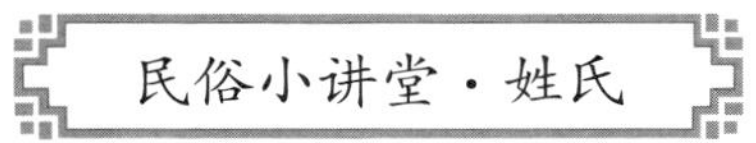

木　兰："赵钱孙李，周吴郑王……"

辰　龙：木兰，你在唱什么呀？

木　兰：我唱的是用《百家姓》编的歌谣，这样就能更快地记住书中的这些姓氏了。

辰　龙：《百家姓》？我好像听说过这本书，它是不是和《三字经》《千字文》一起被人们合称为"三百千"？

木　兰：没错，这三本书都是以前的人给小孩子编的启蒙读物，用来传承中国文字与中国传统文化，里面的句子三字或者四字一句，非常方便诵读和记忆。

辰　龙：那你唱的《百家姓》为什么是"赵"这个姓氏开

头呢？

木　兰：这个我就不知道了。华爷爷，您能给我们讲讲吗？

华爷爷：当然可以啦！我们现在读的这本《百家姓》啊，是宋太祖赵匡胤①组织编写的。宋朝皇帝姓赵，“赵”是当时的“国姓”，理所当然地放在《百家姓》的第一位啦！

木　兰：华爷爷，那排在第二的“钱”姓，是宋朝之后的皇帝的姓氏吗？

华爷爷：哈哈，那倒不是。在宋朝建立之前啊，有一个国家叫吴越国，这个国家的建立者叫钱镠（Qián Liú）。传说，就是这位钱镠射潮②修筑钱塘帮助百姓抵挡灾害。宋朝编写《百家姓》的人，从前很可能是吴越国的臣民，对这位造福百姓的君主有着深厚的感情，所以将“钱”排在第二位。而第三到第八位的“孙、李、周、吴、郑、王”，都是宋代后妃③的姓氏。也就是说，宋朝的《百家姓》是按当时政治地位的尊卑④来安排姓氏顺序的。

辰　龙：我知道钱塘，我曾经去过浙江的海宁，看过钱塘

---

① 赵匡胤（Zhào Kuāngyìn）：宋朝开国皇帝。

② 钱镠射潮：传说，钱塘江的潮水很凶猛，所以江两岸的堤坝总修不好。唐末有个吴越王叫钱镠，勇猛无比，人称“钱王”。钱王想把海堤修筑起来，他的手下说钱塘里有个潮神，每次海堤修得差不多的时候，潮神就会把海堤冲塌，于是钱王决定捉住潮神。当潮神出现时，钱王命令万名箭手一齐放箭，逼得潮神不敢向岸边冲击，转向西南逃去。海堤修筑好后，百姓为了纪念钱王射潮的功绩，就称它为“钱塘”。

③ 妃：皇帝的妾，地位比皇后低。

④ 尊卑：贵贱，指地位高、低，也可指长辈和晚辈。

江大潮[1]，那真是太壮观了！没想到还有吴越王钱镠的功劳啊！

华爷爷：有的姓氏，在历史上虽然没有建立过大王朝，却因为人口众多，也成了大姓，比如在宋代这本《百家姓》中排进了前十的陈姓。“陈”也是海外华侨华人中人数众多的姓，著名华侨陈嘉庚（gēng）先生就是陈姓的代表人物！

木　兰：原来如此！想不到这些姓氏的排列顺序，还有这么多有趣的故事！

百家姓

① 钱塘江大潮：中国浙江省有一条钱塘江，流入东海。在它入海口的海潮就是钱塘潮。每年都有很多游客前去观看钱塘潮奇景，形成了“观潮”的习俗。最佳观潮时间是每年农历八月十八日的前后三天。

民俗知识窗

名、字、号——你分得清吗？

北宋时期，中国有一位很有名的文学家、书画家。有人称他“苏轼（shì）”；有人称他“子瞻”；有时候，又有人称他“苏东坡”。那么，他到底叫什么？我们该怎么称呼他呢？要弄清楚这个问题，我们首先得了解中国人的名、字、号。

苏轼画像

1. 名

“名”字，由“夕”和“口”组成。古人说：“夕者，冥（míng）也。冥不相见，故以口自名。”这句话的意思是说，两个人在晚上相遇，看不清楚对方模样，为了让对方知道自己是谁而用口说出对自己的称呼。这就是“名”的由来。

中国的“名”，由古至今，一般都由一个字或两个字组成。在姓、氏合一之后，“名”与“姓”并称就成为人们互相称呼的一种习惯，于是有了“姓名”一词。

中国人对后代的“命名”是非常重视和讲究的，同时“命名”又有一定的规则和规律。

“家族范字”是中国人命名的一个主要根据。中国人具有强烈的宗族观念，范字的意义就在于区分家族内的“辈分”①。家族范字不是随意规定的，所有范字合在一起理解，是有一定含义的。例如，晚清著名人物张之洞，以一首五言绝句规定了他家族的范字，即“仁厚遵家法，忠良报国恩。通经为世用，明道守儒珍”②。张之洞的儿子张仁权为“仁”字辈，孙子张厚玫为“厚”字辈，曾孙张遵骝（liú）为“遵”字辈……

同时，中国人趋利避害、求福避祸的心理极强，常把表示吉祥如意的字嵌在孩子名中，比如“鸿（hóng）”“福”“祥”等，这也体现了父母和家族对孩子的期望与祝福。

此外，中国人还会给孩子起“乳名”，就是平常所说的小名。有的以排行为小名，如南朝齐武陵王萧晔（yè），是齐高帝萧道成的第五个儿子，所以取名“阿五”；有的在特定的字前加

---

① 辈分：在家族、亲友的长幼先后中所处的地位。对一个人来说，辈分有长辈、平辈、晚辈之分。

② 这是张之洞写的《续辈诗》，子孙后代按照诗中字排辈取名。这首诗的意思是：要仁爱宽厚待人，遵守家法家规，要做到忠厚善良，报效国家。要通晓学问，学以致用，以所学为社会民生所用，要知晓世事规律，守护儒家思想之精华。

“阿”字，或后加“奴”字，如曹操的小名叫“阿瞒”、陈叔宝的小名叫“黄奴”；有的重复全名的一字作为小名，如“东东”“盼盼”；还有的用粗俗的词作为小名，民间认为起个“贱名”好养活，能护佑孩子顺利健康地成长。

2. **字**

现在，中国人常说“名字”，但其实，“名”和“字”不是一回事。根据“名”的意思，另取一个别的名称，这就是“字”，又叫“表字”。“字”对“名”起到说明解释、引申的作用。如李白，字太白。

古人之所以在“名”以外取“字”，主要是为了区别尊卑。古时，人们认为“名”是少、小、卑、劣的称呼，面对长辈、平辈时可用来称呼自己，长辈也可以用“名”称呼小辈。但小辈和长辈甚至是平辈说话时，不能直接叫其“名”，这是没有礼貌的表现，只能叫其“字”。南宋以后，平辈之间互相称“字”，但是对长辈不仅不能叫其“名”，甚至不能叫其“字”。总之，称呼的原则就是“自我称名，以示谦恭；称人用字，以表尊敬”。

古人取“字”还要经过“资格审查”。《礼记》中说“男子二十，冠而字”“女子许嫁，笄（jī）而字”，就是说，男子只有到了二十岁举行冠礼①之后才能取“字”；女子只有经过笄礼②之后才能取“字”。

中国人在“名”以外取“字”的传统一直延续到20世纪初。如今，已经很少有人取“字”了，但从“名”与“字”之中，我们可以看到中国人生活中的智慧。

3. 号

古人为了抒发性情、表达志向，常会在“名”“字”以外，取“号”。因为“号”是人的别称，所以又被叫作“别号”。除了作为人的称谓，“号”还可以用作文章、书籍、字画的署名，相当于现在的艺名和笔名。

“号”分为“自号”与“人号”。“自号”是根据自己的志趣、爱好而对自己的一种雅称。如唐代诗人李白，一生志向高洁，不肯与权贵同流合污③，就以脱俗洁净的莲为标志，自号“青莲居士”。

“人号”是别人所起或后辈对前人的称号，一般有尊敬、仰慕的含义。“人号”通常根据此人的官职或籍贯而起。比如，书圣王羲（xī）之曾做过右军将军，人们就称他为“王右军”。

起“号”不像取“名”“字”那样讲究，往往能自由地抒

---

① 冠礼：古代男子的成年仪式。古代男子未成年前束发而不戴帽，至二十岁成年时才由长辈为他梳发、戴上新帽。详见第三课“民俗知识拓展”。

② 笄礼：古代女子的成年仪式。“笄”是一种女性饰品，即发簪（zān），用来固定女性头发或是装饰女性头发。详见第三课“民俗知识拓展”。

③ 同流合污：随着坏人一起做坏事。

发、寄托某种情感。比如，东晋诗人陶渊明，因为居住的房屋前后有五棵柳树，所以自号“五柳先生”。同时，正由于取号比较随意，所以一个人可以有多个“号”。比如，被称为“诗圣”的唐代诗人杜甫（fǔ），就有“杜陵布衣”“少陵野老”“杜拾遗”“草堂先生”“浣（huàn）花老翁”“杜工部”等号。“号”的字数也不一定，少则两三个字，多则十几个字。如明代的龚（gōng）元成，自号“三十六湖云水二十四桥烟月主者”。

现在，请大家想一想，苏轼的父母、领导、朋友，应该怎么称呼他才合适呢？

特殊的赏赐

中国古代因为建功立业而受到皇帝奖赏的人很多，名扬中外的明朝航海家——郑和，就是其中之一。而他得到的赏赐很特殊，就是他的姓氏。

郑和本来姓马，原名马三保。年仅十一岁的马三保跟随明军征战四方，遇到了明成祖朱棣（dì）。当时的朱棣还是燕王，他一眼就看中了这个沉默寡言却又目光坚毅的少年，并挑选他做自己的贴身侍卫，从此马三保就跟随在朱棣左右，成为他的亲信。

在历史上有名的郑村坝之战中，朱棣以八万人马对抗建文帝五十万大军，双方力量悬殊。战争中，朱棣采用了马三保的计策，连破对方七营，打败了敌军。朱棣当上皇帝后，立刻封马三保为内官监太监，这已经是内官的最高官职，怎么给马三保更大的荣耀呢？朱棣就赐姓“郑”，从此马三保便改名为“郑和”。

在中国历史上，郑和七次率领明朝的船队远航西太平洋和印度洋，拜访了三十多个国家和地区，最远到达东非、红海。“郑和下西洋”是中国古代规模最大、船只和海员最多、时间最久的海上航行，也是世界航海史上的一大壮举，对促进中外经济、文化交往起到了积极作用。

明代航海家郑和

容易读错的姓氏：

仇（Qiú）、单（Shàn）、解（Xiè）、区（Ōu）、查（Zhā）、任（Rén）、要（Yāo）、华（Huà）、应（Yīng）、令狐（Línghú）、尉迟（Yùchí）、万俟（Mòqí）、澹台（Tántái）、皇甫（Huángfǔ）、长孙（Zhǎngsūn）。

皇帝的称号

1. 谥（shì）号

谥号的使用始于西周。在古代，君王、皇后、妃子和诸侯[1]大臣等社会地位相对较高的人物去世以后，朝廷[2]会根据他们生前作为，给出一个或褒[3]或贬或同情的称号，这就是谥号。谥号高度概括了一个历史人物的生平。如周文王、周武王、汉高帝，便分别是姬昌、姬发、刘邦的谥号。

---

① 诸侯（hóu）：古时君王所管的各小国的王侯。

② 朝廷：古代君主接受朝见和处理政事的地方，也用作以君主为首的统治机构或君主的代称。

③ 褒：赞扬，夸奖，与“贬”相对。

谥号曾广泛通行于中国古代。除了中国，朝鲜、越南、日本等近邻国家也有使用。

2. **庙号**

中国古代称皇帝的祖庙为太庙。皇帝死后，必须在太庙中专立一室，以供祭祀①。祭祀时，不可直呼死去皇帝的名字，而要另外定一个称号，这个称号就是庙号。庙号常用“祖”字或“宗”字。开国皇帝一般被称为“祖”，如宋太祖赵匡胤、元世祖忽必烈；之后的皇帝一般被称为“宗”，如唐太宗李世民、宋太宗赵光义。

从唐代到元代，人们大多用庙号而不是用谥号来称呼逝去的君王。这里要注意，谥号和庙号是君王死后才有的。例如，我们今天称李世民为唐太宗，但李世民在世时，人们是不可能称他为唐太宗的。

3. **年号**

年号本来的意义，是一种纪年②方式。新的皇帝即位③，就要立一个新的年号。由于新皇帝和新年号之间的对应关系，所以人们可以很方便地将年号作为皇帝的称号来使用。如，贞观皇帝李世民、乾（qián）隆皇帝爱新觉罗·弘历，这里的

---

① 祭祀：准备供品对神佛或祖先行礼，表示崇敬并祈求保佑。
② 纪年：记年代的方法。
③ 即位：开始做帝王。

“贞观”“乾隆”就是年号。

历代帝王遇到“天降祥瑞”或内忧外患[①]之类的大事、要事，一般都要更改年号。像中国历史上唯一的女皇帝武则天，在位 15 年，创建了 14 个年号，几乎是一年换一个，是个十足的“年号控”。

4. 尊号

尊号是指某一帝王的特殊尊称，是皇帝在世时由臣子建议定立的，这起源于唐代。中国皇帝的尊号一般很长，大臣们会尽量把表示尊崇、褒扬、赞美的好词加在皇帝身上。如宋太祖赵匡胤的尊号是“启运立极英武睿（ruì）文神德圣功至明大孝皇帝”。在皇帝死后，尊号还可以追加或改动。

① 内忧外患：指国家内部的动乱和外敌的侵扰。

第二课

生肖——子丑寅卯十二辰

民俗小讲堂·生肖

木　兰：辰龙，你手上怎么戴着一条红绳子？

辰　龙：因为我属龙呀！今年是我的本命年。

木　兰：本命年？

辰　龙：就是……我是龙年出生的，每过十二年，我就会遇到一次本命年。

华爷爷：哈哈，来听我说吧。中国民间有一个传统习俗，人一出生，就有一种动物作他的属相。属相是中国民间传统纪年和计算年龄的方法。中国古代是用天干和地支的组合来纪年的，但天干和地支有60种组合，不容易记。人们就用十二种动物，与十二地支相对应，每年用一种动物作为这一年出生的人的属相。比如，辰龙是 2012 年出生的人，属相便是龙。每过十二年遇到的与自己出生那年属相相同的年，就是人们所说的本命年。

木　兰：这个我知道，这十二种动物是鼠、牛、虎、兔、龙、蛇、马、羊、猴、鸡、狗、猪，又被叫作“十二生肖”。

华爷爷：对。中国人还赋予①了每个生肖不同的象征意义，例如鼠机警，牛勤勉，虎威武，兔善良，龙神明，蛇吉祥，马进取，羊温顺，猴智慧，鸡高贵，狗忠诚，猪敦厚。可以说，生肖寄托着中国人对爱情、人生、健康、事业的各种期许。

木　兰：那为什么本命年要戴红绳子呢？

华爷爷：在中国民间，人们普遍认为本命年是凶年②，是人的生命历程中的一道“坎③”。同时，他们把红色看作喜庆、成功、忠勇和正义的象征，认为红色有驱邪④护身的作用。因此在大年三十，人们便早早地穿上红色内衣，或系上红色腰带，有些随身佩戴的饰物也用红丝绳系挂，来迎接自己的本命年。他们认为这样能趋吉避凶，消灾免祸。

木　兰：那我祝辰龙龙年吉祥，龙马精神！

---

① 赋予（fùyǔ）：交给，通常与“重任、使命”等搭配使用。
② 凶年：本来指收成不好、饥荒的年头，这里指运气不好的年份。
③ 坎（kǎn）：坏运气或被迫的处境。
④ 驱邪（qūxié）：赶走邪恶鬼怪等害人的东西。

十二生肖与十二地支

十二生肖与十二地支

中国古人发明了用“干支”纪年的方法。以“甲、乙、丙、丁、戊（wù）、己、庚、辛、壬（rén）、癸（guǐ）”十个“天干”和“子、丑、寅（yín）、卯（mǎo）、辰、巳（sì）、午、未、申、酉（yǒu）、戌（xū）、亥（hài）”十二个“地支”按照顺序组合起来，组成六十对纪年的符号，如：甲子、乙丑、丙寅……这六十对符号循环使用，每一年就有一个纪年符号。后来，人们又用鼠、牛、虎、兔、龙、蛇、马、羊、猴、鸡、狗、猪十二种动物来配十二地支，这就是“十二生肖”，也被叫作十二属相，从而形成了这样的搭配：子鼠、丑牛、寅虎、卯兔、辰龙、巳蛇、午马、未羊、申猴、酉鸡、戌狗、亥猪。子年就是鼠年，丑年就是牛年……这样一来，每个人一出生，就有一种动物作他的属相，子年出生的人属鼠，丑年出生的人属牛……

十二生肖被用来纪岁，每一年都有一种代表性动物，这一年出生的人也就有了自己独特的属相。中国人希望借助各种生肖美好的寓意，令自己的生活有好事发生，或避免某些不好的事情发生，如本命年禁忌。

为什么十二生肖是现在这样的顺序呢？通常认为，十二生肖是根据人的活动与动物的习性排列的。

子夜时分（23 点至 1 点）夜深人静，正好是老鼠频繁活动的时刻，于是人们就把子时与鼠联系在一起，被称为子鼠。子时是一天的开始，老鼠就排在了首位。

中国古代农耕社会，牛是重要的财产，丑时（1 点至 3 点），正是应该喂牛的时辰，这样牛才能长得强壮。牛与丑时联系在一起，被称为丑牛。

寅时（3 点至 5 点），习惯昼伏夜出①的虎在此时最凶猛，人们常常会听到阵阵虎啸声，于是，有了寅虎。

---

① 昼伏夜出：白天藏起来，夜间出来活动。

卯时（5 点至 7 点），天已经开始亮了，鲜嫩的青草是兔子最喜欢的食物。于是，兔子与卯时联系在一起，被称为卯兔。

辰时（7 点至 9 点），比较容易产生大雾，据说龙是能腾云驾雾的动物，朦朦胧胧的仙雾中人们仿佛看见龙在飞翔。龙和辰时联系在一起，被称为辰龙。

巳时（9 点至 11 点），大雾逐渐散去，太阳开始照耀大地，蛇在此时从洞穴中爬出来晒太阳。蛇和巳时联系在一起，被称为巳蛇。

午时（11 点至 13 点），烈日当头，马的性子也很烈，就像中午当头的太阳一样。马与午时联系在一起，被称为午马。

未时（13 点至 15 点），阳光已经不那么灼人，这时正适合放羊。羊与未时联系在一起，被称为未羊。

申时（15 点至 17 点），太阳已经偏西，气温已不那么高，猴子常在树林里玩耍啼（tí）叫。人们把猴子和申时联系在一起，于是就有了申猴。

酉时（17 点至 19 点），太阳快要落山，是家养的鸡该回窝的时候了，家家农妇都在此时四处赶鸡入窝，于是就有了酉鸡。

戌时（19 点至 21 点），临睡之前，人们往往要四处巡视一番，而狗正是人们最喜欢、最得力的巡逻帮手。巡视的时刻与狗联系起来，于是有了戌狗。

亥时（21 点至 23 点），成天吃了睡、睡了吃的猪，人们在晚上还要给它喂食，深夜给猪添食可以让猪长得更肥。亥时与猪相连，就有了亥猪。

民俗故事

闻鸡起舞

晋代有个人叫祖逖（tì），他是一位胸怀坦荡、具有远大抱负的人。可他小时候却是个不爱读书的淘气孩子。进入青年时代，他深感不读书就无法报效国家，于是开始努力读书。后来，他与幼时的好友刘琨（kūn）一起担任官职，他俩都有着共同的理想——建功立业，成为国家的栋梁之材。

有一天半夜，祖逖在睡梦中听到公鸡的鸣叫。他把刘琨叫醒，对他说："你听见鸡叫了吗？"刘琨说："半夜听见鸡叫不吉利。"祖逖说："我偏不这样想，咱们干脆以后听见鸡叫就起床练剑如何？"刘琨同意了。于是他们每天听到鸡叫后就起床，刻苦锻炼，从不间断。经过长期的刻苦学习和训练，他们终于成为能文能武的全才，既能写得一手好文章，又能带兵打胜仗。祖逖和刘琨都实现了他们报效国家的愿望，被封为将军。

"闻鸡起舞"本意是听到鸡叫就起来舞剑，后来用来比喻有志报国的人及时奋起，也用于形容人怀有壮志，奋发向上。

闻鸡起舞

多姿多彩中国龙

十二生肖中，只有“龙”是现实生活中所没有的，因此它最具象征意义，最有神秘力量。在人们的想象中，龙有马一样的长脸，蛇一样的身躯，鸡爪一样的四肢。它既能在空中飞舞，又能于水中畅游，神出鬼没①，变幻莫测。

“龙”在英文中一般被翻译为“dragon”，但它与西方文化

① 神出鬼没：形容行动快速，变幻莫测，难以捉摸。

中的“dragon”并不相同。中华儿女赋予龙许多美好善良的品格。在信仰上，中国人把龙当作圣物或神灵来崇拜，把龙视为主宰雨水之神或保护神等。民间有“二月二，龙抬头”的说法。传说小白龙曾因行雨救民而得罪天上的玉帝[①]。因感念小白龙的恩德，民间将农历二月初二定为春龙节，人们在这一天焚香祷告，祈求来年风调雨顺、五谷丰登[②]。传统春节，也在这一天正式结束。

汉语中有很多带“龙”字的成语，它们大多带有褒义色彩。如“人中之龙”“人中龙虎”形容美好的事物和杰出的人才，“龙眉凤目”形容人的长相出众，“藏龙卧虎”指隐藏着未被发现的人才，“麟（lín）凤龟龙”指稀有珍贵的东西或者品格高尚、受人敬仰的人，“乘龙快婿”“乘龙佳婿”指前程远大而令人快慰可心的女婿。

在民间，中国人常以艺术的形式表达对龙的敬仰和崇拜，通过雕刻、绘画、舞蹈、竞技活动等形式表现龙。其中，舞龙是一种常见的中国传统民俗文化活动。中国人每逢喜庆节日都会舞龙，祈求平安和丰收。舞龙时，龙跟着绣球做各种动作，不断展示扭、挥、仰、跪、跳、摇等多种姿势。

---

① 玉帝：玉皇大帝的简称。道教称其为天界地位最高的神。

② 五谷丰登：各种谷类作物收成好。

舞龙

民俗知识拓展

圆明园里的“十二生肖”

在圆明园海晏（yàn）堂前的扇形喷水池中，曾有一个“水力钟”。这个“水力钟”的全名叫“十二生肖报时喷泉”。喷水台上，十二座生肖铜像列于南北两岸。南岸分别为子鼠、寅虎、辰龙、午马、申猴、戌狗；北岸则分别为丑牛、卯兔、巳蛇、未羊、酉鸡、亥猪。这些生肖雕像高 50 厘米，都是兽首人身，头部为铜质，身躯为石质，中空连接喷水管，构成“水力钟”的喷头。每到一个时辰（两小时），代表该时辰的生肖像，便从口中喷水两个小时。正午十二点时，十二生肖像口中同时涌射喷泉，场面壮观宏大，洪水般的声音可以传到几里之外。

海晏堂

有意思的是，十二生肖铜像由中国宫廷匠师制造，而设计者郎世宁等是来自欧洲的艺术家。因此，铜像既具有浓郁的中国传统审美趣味，又融合了西方造型艺术的特点。十二生肖铜像不仅是中西方文化碰撞结合的产物，也是大清帝国国力鼎盛时期的重要象征。

令人痛心的是，1860 年英法联军侵略中国，火烧圆明园，十二兽首铜像流失海外。多年来，在国家文物局和社会各界的共同努力下，已经有牛首、猴首、虎首、猪首、鼠首、兔首、马首七尊圆明园流失兽首铜像通过不同的方式回归祖国。虎首、牛首、猴首和猪首兽首铜像现藏于保利艺术博物馆；兔首和鼠首由法国皮诺家族捐赠给中国，现藏于中国国家博物馆；马首由爱国人士何鸿燊（shēn）先生捐赠给中国国家文物局。此外，疑似龙首于 2018 年现身法国巴黎一场拍卖会，并由一华人购得；蛇首、羊首、鸡首、狗首至今仍下落不明。

2020 年 12 月 1 日，国家文物局、北京市人民政府在圆明园正觉寺举行圆明园马首铜像划拨入藏仪式，马首成为第一件回归圆明园的流失海外的重要文物。“百年梦圆——圆明园马首铜像回归展”同时对公众开放。

第三课

诞生——天地之心谓之人

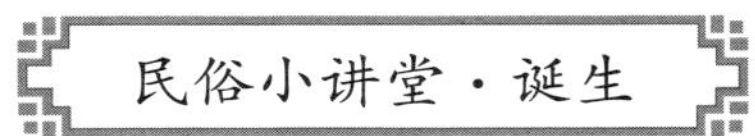

辰　龙：木兰，你手里拿着什么呀？

木　兰：我网购的“抓周乐”。我的小侄（zhí）女快满一周岁了！家里要给她办一个“抓周”活动，让我买抓周的物品呢！

辰　龙：抓周？

华爷爷：抓周是中国民间盛行的一个风俗。当孩子长到一周岁时，大人们会将工具、文具、书本、日常用品等物品放在其面前，让其随意抓取，以小孩子抓到的物品来预测其未来的前途或者兴趣。中国有一位大学问家钱钟书，他抓周的时候，伸手就抓了一本书，别的都不要。他爸爸妈妈非常高兴，就给他取了一个名字叫“钟书”——“钟”就是喜爱的意思。后来啊，钱钟书不仅一生爱书，还写了许多好书呢！

辰　龙：这么神奇？一岁就可以预知将来？

华爷爷：其实啊，这是中国传统的诞生礼仪，也是一种家庭游戏，显示了中国人对生命延续的美好祝愿。在孩子出生的这一年里，除了周岁，三朝、满月、百日都是很重要的日子！

木　兰：我只知道“满月酒”。这些日子都要庆祝孩子诞生吗？

华爷爷：“三朝”又叫“洗三”，是在孩子出生后的第三天举行的一种庆贺仪式。在这天，要给孩子洗澡，寓意给其驱除灾难，并祝福其健康成长。孩子出生一个月时，要“过满月”，以祝福孩子，也有让小孩初步接触邻里社会的意思。有的父母会在这天为孩子办酒席，宴请客人，就是木兰刚才说的“满月酒”。小孩出生一百天时，也要“过百日”庆贺。很多地区还保留着喝百日酒、拍百日照的传统。

辰　龙：中国关于诞生的礼仪真不少啊！木兰，我迫不及待想知道你的小侄女抓周会抓到什么了！

抓周

汉民族出生礼

汉民族传统的出生礼，因地域之别而呈现出不同的风貌和表现形式，但总的来看，大都包含了添喜、洗三、满月、百日、周岁五种主要礼俗。

1. 添喜

中国民间把怀孕叫作“得喜”，把婴儿降生叫作“添喜”。过去，“添喜”有大喜与小喜。生男孩，就是“大喜”，也被叫作“弄璋（zhāng）之喜”；生女孩，就是“小喜”，也被叫作“弄瓦之喜”。“璋”是一种玉器，把“璋”给男孩玩，希望他将来有玉一样的品德，成长为有用之才。“瓦”是纺车上的零件，把“瓦”给女孩玩，希望她将来能胜任女红①，成为人人夸赞的贤妻良母②。现在，人们已逐渐转变观念——生男生女都是大喜事。

孩子出生后，产妇的保健工作是民间相当重视的事情。产妇通常会在产后用 30 天至 42 天进行休养，俗称“坐月子”。

2. 洗三

在孩子出生后的第三天，将举行“三朝洗儿”庆贺仪式，又叫“洗三”。这天要给孩子洗澡，既是为了给孩子驱除灾难，也是祈求孩子能够吉祥如意，祝福孩子健康成长。过去，人们为了杀菌去病，常在洗澡水里放入艾叶等草药，有的地方则习惯用葱、姜煮水为孩子洗身。因为葱与“聪”谐音③，姜与“强”谐音，寓意孩子越来越聪明、强壮。“洗三”一般在午饭后进行，通常只有近亲来祝贺，大多送给产妇油糕、鸡蛋、红糖等食品，或者送些小孩的衣服、鞋、袜等作为礼品。

---

① 女红（gōng）：女子所做的针线、纺织、刺绣、缝纫等工作。
② 贤妻良母：对丈夫是贤惠的妻子，对子女是慈善的母亲。
③ 谐音：字词的音相同或相近。

3. 满月

古人认为婴儿出生后存活一个月就是度过了一个难关，因此通常会举行满月礼以示庆祝，并祝愿孩子健康成长，俗称“过满月”。

这天，有些父母会办酒席宴请亲朋好友，为孩子祈祷祝福。这就是“满月酒”。参加酒席的人一般会按当地的习俗给小孩和产妇带一些礼物。给小孩的礼物主要有衣物、老虎形状的枕头和虎头帽、虎头鞋等。主人家通常会提前准备，将染着红颜色的鸡蛋作为伴手礼送给来宾。

一般来说，女子是在婆家[①]“坐月子”的。待孩子满月后，嫁出门的女儿要抱着孩子回娘家[②]串门，即“出窝”。外婆会在宝宝肩膀上搭花线、脖子上挂银制品，寓意祝福外孙长命百岁，能享受荣华富贵。

孩子满月时还要剃胎发[③]，多数情况下这个环节由孩子的舅舅主持。剃发时，一般要在头顶囟门[④]周围留下一小块头发，俗称“聪明发”；脑后也要留下一绺（liǔ）头发，这绺头发俗称为“撑根发”（北方人又把这部分头发叫作“百岁毛”），这种仪式也是为了祝福孩子顺利健康地长大。

---

① 婆家：已婚女子称丈夫的家，与“娘家”相对。
② 娘家：已婚女子称自己父母的家，与“婆家”相对。
③ 胎发：婴儿出生后没剃过的头发。
④ 囟（xìn）门：婴儿头顶骨未合缝的地方，在头顶的前部中央。

4. 百日

孩子出生后的第一百天，人们要举行庆贺仪式，预祝孩子无病无灾、长命百岁，这一仪式俗称为“过百日”“过百岁”。“百日”时行认舅礼、命名礼。在古代，民间有给小孩吃百家饭、穿百家衣的习俗。“百家衣”又被称为“百岁衣”“百衲（nà）衣”，是用各种颜色的碎布块缝的，形状很像僧衣。这些布料不一定非得从一百户人家讨得，只是说所收集碎布的人家越多越好，布的颜色越杂越好。花布中紫色往往是最难讨到的，因为“紫”的谐音为“子”，人们不愿把“子”送人，所以只有到孤寡老人家才有可能讨来。送出者通常是为了行善积德①才愿意送出。

百日庆贺的习俗延续到现在，庆贺的内容和形式虽有变化，但许多地区还保留着摆百日酒、拍百日照的传统。

5. 周岁

周岁是在婴儿满一岁生日时举行的庆贺仪式。无论是过去还是现在，中国人都很重视孩子的周岁生日。

周岁时有一项预测小孩志向和心性的仪式，即“抓周”。抓周一般在上午进行。孩子梳洗、穿戴一新后，家长先行向先祖或神位祭祀祷告，祈求保佑孩子健康成长，而后，选择家中比较宽敞的地方，中间并列放两张方桌，上面铺上布或席子，

---

① 行善积德：做善事，积累德行，以求福报。

或将布或席子铺在地上，把准备好的抓周物品呈半弧形摆在一端，孩子坐在另一端，长辈再示意孩子抓取。民间常认为，小孩抓到的第一件东西就代表了其志趣和日后可能从事的行业。

如果小孩先抓了印章，长大以后将官运亨（hēng）通；如果先抓了文具，长大以后好学，写得一手好文章；如果先抓了算盘，将来善于理财；如果先抓了剪、尺之类的缝纫（rèn）用具或铲子、勺子之类的炊具，长大后善于料理家务。如果小孩先抓了吃食、玩具，不能当场说孩子“贪吃、贪玩”，而要说“孩子长大之后，必有口福，善于‘及时行乐’”。总之，无论孩子抓到什么，客人们都要说几句吉利话，向主人表示祝贺。这种习俗显示了中国父母望子成龙、望女成凤的心理。如今，抓周只是祈求吉利、亲子同乐的活动，物品的种类没有严格规定，家长也可以自行加入新时代的物品。

红喜蛋的来历

三国时，刘备向东吴孙权请求统领荆州，孙权同意了。这样一来，刘备便有了完整的南郡①，在益州（今四川）建立了蜀汉基业。之后，东吴向刘备索还南郡，或者是长沙、零陵、

---

① 郡（jùn）：古代行政区域，中国秦代以前比县小，从秦代起比县大。

桂阳三郡，刘备一直以各种借口推托。东吴都督[1]周瑜（yú）就给孙权献了一条计策，让孙权派人去荆州说媒，假装要把孙权的妹妹许配给刘备，骗刘备到东吴，然后把他扣为人质，用来交换荆州。

刘备的军师诸葛（gě）亮猜到这是一个计策，于是将计就计[2]，答应了婚事，随后派大将赵云带上大量染红的鸡蛋，护送刘备去东吴成亲。娶亲的人到了东吴，逢人便送红喜蛋，并把刘备和孙权妹妹结亲的事随口传扬。消息一传十、十传百，传进深宫，孙权的母亲吴国太大吃一惊，心想："女儿出嫁，我竟然不知道？"她连忙招孙权来责问此事。孙权告诉母亲，这只是周瑜出的一条计策。吴国太听了大怒，骂周瑜说："你做了六郡八十一州的大都督，没有办法取回荆州，却利用我的女儿做美人计。杀了刘备，我女儿便成了望门寡[3]，以后怎么再和人成亲？"孙权无奈，只得假戏真做，将妹妹嫁给了刘备。刘备在赵云的保护下，带着孙夫人返回了荆州。周瑜献的计策没有成功，反而赔上了主公孙权的妹妹。于是就有了"赔了夫人又折兵[4]"的典故。从此江南也添了个习俗，结婚时家家都要向客人送红喜蛋，象征着"喜庆圆满"。人人都可以向主人家讨红喜蛋，象征着"沾喜气"。

---

① 都督：古代的军事长官。

② 将计就计：识破对方计策之后，让对方觉得自己中计了，再另施巧计，使对方中计。

③ 望门寡：旧时指女子还没出嫁，丈夫就死了。

④ 赔了夫人又折兵：比喻便宜没占到，反而吃了亏。

后来，结婚送红喜蛋的习俗从江浙传到全国各地。又因“蛋”与“诞”谐音，象征着新生与希望，生小孩时也用送红喜蛋的方式向亲友“报喜”。如今，红喜蛋成为结婚、添子、祝寿等喜事的标志，形成了有喜事吃喜蛋的习俗。又因喜蛋与喜气相连，人们身体欠佳、心情不好时也喜欢吃红喜蛋来讨个吉利。

抓周物品

抓周时，讲究一些的富户都要在床或炕（kàng）前陈设大长桌，摆上印章、儒释道[①]经典书籍、笔、墨、纸、砚（yàn）、算盘、钱币、账册、首饰、花朵、胭（yān）脂、食品、玩具等。如果是女孩抓周，还要加摆铲子、勺子（炊具）、剪子、尺子（缝纫用具）、绣线、花样子（刺绣用具）等。到了现代，一般不再区分男女，抓周物品基本沿袭传统，但也作了一些改变。不同的物品有着不同的寓意。例如：

---

① 儒释道：儒家、佛家和道家的合称。

算盘：善于理财，必成大器。

葫芦：五福俱全，悬壶济世。

书本：学识渊博，前途无量。

毛笔：才高八斗，智慧超群。

尺子：有创作天赋，长于设计。

铜钱：命中有财，一生富贵。

剪刀：长于料理，持家有方。

福袋：健康有福，命中有福。

笛子：艺术天赋，能歌善舞。

官印：官运亨通，胸怀远大。

包子：衣食无忧，有口福。

勺子：掌勺之人，必成大器。

木槌（chuí）：法律规范制度制定者。

蹴鞠（cùjū）：身体健康，运动健将。

拨浪鼓：一生无忧，万事如意。

桃木刀：爱军尚武，文武双全。

金碗：前程似锦，丰衣足食。

平安扣：辽阔天地，平宁安远。

荷包：心灵手巧，巧夺天工。

元宝：富贵一生，家财万贯。

如意：事事顺心，吉祥如意。

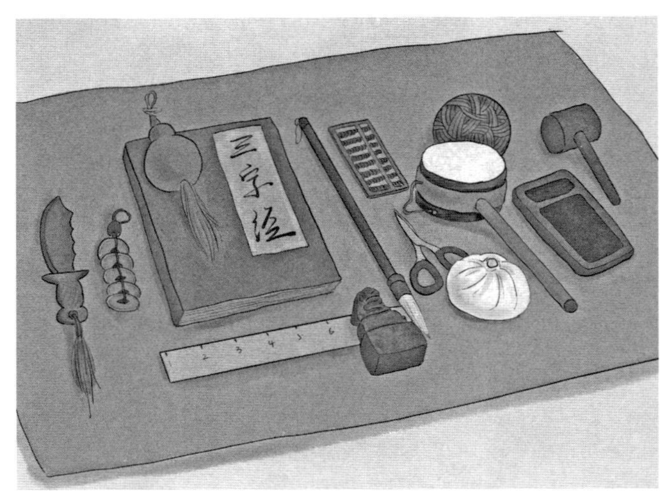

常见的抓周物品

成人礼

经历了诞生礼俗，孩子渐渐长大，从懵懂①无知的孩童成长为知书达理②的青年，迎来人生礼仪中第二个重要仪式——成人礼。中国古代的成人礼十分讲究，男孩要行“冠礼”，女孩要行“笄礼”。举行这样的仪式，是要提醒他们：从此他们

① 懵（měng）懂：头脑不清楚或不能明辨事物。

② 知书达理：形容人有教养，通事理。

将从家庭中受关照的孩子转变为正式跨入社会的成年人，要承担起成人的责任，履（lǚ）行、实践美好的德行。成年礼的仪式须由氏族长辈依据传统举行，才能获得承认。

1. 冠礼

举行冠礼意味着男子到了一定年龄，可以婚娶了，并从此作为氏族的一个成年人，参加各项活动。《礼记·冠义》中说“凡人之所以为人者，礼义也。礼义之始，在于正容体、齐颜色、顺辞令。容体正，颜色齐，辞令顺，而后礼义备”，意思是说，人之所以成为人，在于有礼义。礼义从哪里做起呢？应从举止得体、态度端庄、言谈恭顺做起。举止得体，态度端庄，言谈恭顺，礼义才算完备。

冠礼仪式是十分讲究的，受礼者要将头发盘起来，戴上礼帽。由于要穿戴的服饰很多，包括冠巾、帽子、衣衫、革带、鞋靴等，于是分为三道重要程序，分三次将不同材料制成、代表不同含义的帽子一一戴上。“三加”之后，还要由父亲或其他长辈、宾客在本名之外另起一个“字”，只有“冠而字”的男子，日后才有择偶成婚的资格。

2. 笄礼

古代女子的成年礼叫“笄礼”，也被称为“上头”“上头礼”。“笄”是发簪的意思。从周代起，贵族女子被规定在订婚（许嫁）以后、出嫁之前行笄礼。《礼记·杂记》中有：

“女子十有五年许嫁，笄而字。”女子在十五岁就许嫁。如果女子在十五岁没有许嫁或者之后迟迟没有许嫁的，“二十则笄”。

早期文献对笄礼礼仪没有记载，大多数人认为和冠礼差不多。到了宋代，一些学者为了推行儒家文化，构拟了笄礼的仪式。像《书仪》中就提到，主人在中门内迎接宾客，宾客致祝词后加笄礼，赞者①为之施加首饰。

到了现代，很长一段时间内，中国人几乎不再严格执行古代的冠礼和笄礼。因为它与婚嫁密切相关，具有男尊女卑的意味。但从 20 世纪 90 年代开始，这种古典式成年礼仪又开始兴起。为年满二十岁或年满十八岁的男子或女子举行成人仪式已与婚嫁无关，而是由社会对他们成人予以承认，并意在通过成人礼仪培养起受礼者的社会责任心和义务感。

---

① 赞者：赞礼的人。这里指女子笄礼的主持者。

第四课

寿辰——笑看今朝添百福

民俗小讲堂·寿辰

木　兰：辰龙，你在忙什么呢？

辰　龙：我在练习书法，为写寿联作准备。

木　兰：寿联？

辰　龙：是呀，你不会忘记了吧？过几天，华爷爷就七十大寿了，我想亲手写一副对联给华爷爷贺寿。

木　兰：哎呀，我差点忘了！那寿联上写什么好呢？

辰　龙：上联“年届古稀犹矍铄①”，下联“时逢盛世更

---

① 年届古稀犹矍铄（juéshuò），时逢盛世更精神：年纪到了七十岁身体仍然很好，正赶上大好时期，人更加有精神。届：相当于“到”；矍铄：形容老年人很有精神的样子。

精神”。你觉得怎么样？

木　兰：听起来好棒！可是我有点不明白“古稀”的意思，你能解释一下吗？

辰　龙：没问题！中国古代对于人们年龄的称谓有很多种，每一种称谓都有来历和典故。唐代大诗人杜甫有“酒债寻常行处有，人生七十古来稀”，后人就以此为依据，称七十岁为“古稀之年”。不仅如此，民间还有“三十而立，四十不惑，五十知天命[①]，六十花甲，七十古稀，八十耄耋[②]”的说法。六十岁以下庆贺诞辰叫做生日，通常六十岁开始才会举办寿宴。

木　兰：原来是这样呀！那寿礼一般会准备些什么呢？快帮我想想应该给华爷爷准备什么礼物！

辰　龙：常见的祝寿礼物有寿糕、寿烛、寿面、寿桃、寿联、寿幛（zhàng）、“寿”字吉祥物等，也有送鸡、鸭、鱼的，寿礼上还会用红纸剪成“寿”或“福”字贴上，寓意长寿幸福。我觉得你可以学做寿糕，华爷爷平时挺爱吃糕点的！

木　兰：这个主意不错！我再在糕点上用云卷或者如意的图案装饰一下，一定很漂亮！

华爷爷：你俩在聊什么呢？

辰　龙：没……没什么，我们给您准备了惊喜，过几天您就知道了！

---

① 天命：指上天的意志，上天主宰之下的人们的命运。

② 耄耋（màodié）：耄，年纪八十至九十岁。耋，年纪为八十岁。耄耋指年纪很大的人。

寿星公捧寿桃

民俗知识窗

做寿

中国民间为人们生日举行的寿诞庆祝仪式，叫“做寿”“做生日”。在人年龄小的时候庆贺诞生的仪式不叫“做寿”，而是称为“过生日”。人们认为，小孩子、年轻人做寿是要折寿①的，因此只有到了一定年龄后过生日才能被称为“做寿”。寿礼一般是六十岁以上才开始置办，但如果父母在世，即使年过半百也不能“做寿”，因为“尊亲在不敢言老”。

① 折寿：迷信者认为太受恩宠或过于享福，会使人的寿命受到损害。

寿辰日的庆祝活动，逢十称大寿，如六十大寿、七十大寿、八十大寿等。但这种大寿并非真正逢十，多是指五十九、六十九、七十九等逢九的岁数。因为九在十个数字中数值最大，人们为讨个吉利，就“庆九不庆十”。在一些地区，这一风俗仅适用于男人，女人还是在“六十、七十、八十”等整十的岁数时做寿，所以有“男进女满”的说法。

古时男女称呼年龄是有区别的，一般来说，男性生日被称为“寿”，而女性生日是不被称为“寿”的，一般被称为“福”。后来，男女寿诞也分别被称为“椿（chūn）寿”和“萱（xuān）寿”。

古时候的寿分上、中、下寿，100 岁为上寿，80 岁为中寿，60 岁为下寿。在汉语中，不同年龄的寿辰有一些专门的称谓。如 60 岁为“花甲之年”，因为旧时用天干和地支相互配合作为纪年，60 年为一花甲；70 岁为“古稀之年”；八九十岁为“耄耋之年”；百岁叫“期颐（yí）之年”，“期”是期望、指望的意思，“颐”是赡养的意思，人至百岁，年事已高，饮食、居住等都需要儿孙赡养。

做寿礼仪颇有讲究。首先，要寄发请帖或邀请函。当决定为家里的老人做寿时，其子女或者亲属应出面发放请帖。接到邀请后，被邀请者需要准备一些寿礼。常见的寿礼有寿糕、寿烛、寿面、寿桃、寿联、寿幛、五瑞图、“寿”字吉祥物等。寿礼上需贴上红纸剪出的“寿”或“福”字，寓意“长寿幸福”。

同时，主办人开始筹备设立寿堂。寿堂南墙上挂有红绸，上书“寿”字，也可以用百寿图代替，两旁挂寿联，上方挂寿幛。

寿堂地上铺红地毯，寿堂正面的墙壁下摆一张方桌，上面摆放祝寿用的寿桃、寿面及鲜花、水果等。方桌上还要摆放寿烛，而寿堂的两边摆放客人坐的椅子。

开宴贺寿时，寿星①应坐上屋席位，其他人按辈分坐下。宴席上，必有长寿面。大家向寿星敬酒，因“酒”与“久”谐音，取“长久”之意，祝福寿星长命百岁。宴后，由寿星切寿宴中糕点的第一刀，然后切开分食，第一块糕点献给寿星。在寿典上，人们要向寿星献祝寿辞，一般是对寿者的经历、业绩、品德进行赞颂，表示美好的祝福。

祝寿时，寿星的同辈抱拳打躬，晚辈要鞠躬，儿孙辈行跪拜礼。祝寿活动结束后，主人家会适当给客人一些回礼。

寿桃的来历

相传，战国时期齐国军事家孙膑（bìn），在十八岁时离开家乡齐国，到千里之外的云蒙（méng）山拜鬼谷子为师，

① 寿星：指古代神话中的长寿之神。民间把它画成额头隆起、白须持杖的老人形象。这里指被祝寿的人。

学习兵法。一去十二年，他既没回家，也没给家人写信。

有一年的五月初五，孙膑猛然想起今天是老母亲八十岁生日。他想：乌鸦十八日反哺[①]母鸦，羊羔（gāo）吃奶跪乳，禽兽还知恩达礼，我却有十二年没报母亲的养育之恩了。于是，他向老师请假，要回家看望母亲。鬼谷子摘下一个桃，送给孙膑，说："这桃我是不轻易送人的，你在外学艺未能报孝母恩，我送给你一个，你带回去给令堂[②]上寿。"孙膑谢别老师，就急着上路了。

而这天，在孙膑的家里，家人大摆酒宴为老母亲庆寿。老母亲见全家人都在，唯独少了孙膑，她心里难过，便哭了起来。正当一家人劝慰老母亲时，孙膑回来了。他从怀里捧出老师送的桃，送给老母亲，说："今日告假回来，老师送我一个桃孝敬母亲。"老母亲接过桃，吃了一口说："这桃比冰糖、蜂蜜还甜。"桃还没吃完，老母亲的容颜就变了，以前雪白的头发变成了如墨的青丝，昏老的双眼变得明亮了，掉了的牙又长了出来，脸上的皱纹也不见了，走路也不用拐杖了。全家人都非常高兴。

人们听说孙膑的母亲吃了桃变年轻了，也想让自己的父母长寿健康，便都效仿孙膑，在父母生日的时候送鲜桃祝寿。但是鲜桃不是每个季节都有，于是，在没有鲜桃的季节，人们便用面粉做成寿桃给父母庆贺生日。

---

① 反哺：小鸟长大后，咬食物喂其父母，比喻报答父母。
② 令堂：对别人母亲的敬称。

寿礼

1. 寿屏

寿屏就是作为寿礼的书画条幅，上面写有吉祥贺词或画有寿星老人、仙桃、八仙等。

2. 寿幛

寿幛也叫礼幛，一般用绸布题字做成，在整幅红绸缎（duàn）上剪贴喜纸。寿幛上的内容，要合理考虑寿者的身份、年龄、职业等因素，多是赞颂或祝福的话。

3. 寿烛

专供祝寿用的蜡烛，均为红色。蜡烛上一般印有金色的“寿”或“福如东海”等字。

4. 寿面

寿面是用来祝寿、在寿宴上吃的面条，可以由亲友赠送，也可以由主人自己准备。中国民间历来就有生日吃长寿面的习俗，不仅老人做寿可以吃，小孩子过生日也可以吃。

5. 寿桃

寿桃，是中国神话中可使人延年益寿①的桃子。献桃贺寿是中华传统民俗之一。这一民俗的由来有两种说法：一是说孙膑曾为母亲献上蟠（pán）桃，使得母亲返老还童②，因而被效仿；二是说模仿王母娘娘③蟠桃会上的“蟠桃”，希望能沾喜气。

寿桃

千叟（sǒu）宴

千叟宴是清代宫廷的大宴之一，可将其理解为敬老宴，由

① 延年益寿：延长寿命，增加岁数，常被用于祝人长寿。
② 返老还童：指人衰老时又恢复青春。
③ 娘娘：指女性神明。

皇帝下令举行，在清代共举办过 4 次。参加千叟宴的，是从全国挑选出来的老年人。千叟宴当时在全国引起轰动，影响很大。

康熙五十二年（公元 1713 年）农历三月，康熙六十寿诞，他在畅春园[①]举办了第一次千叟宴。年龄在 65 岁以上的人，不论是官还是民，都可以按时到京城参加。康熙帝大宴群臣，歌颂 60 岁以上、在社会上有名望的老年人的功德，奖赏无数智慧老人，摆 800 桌宴席，席上菜肴几百种。宴会上，康熙作了简短的致辞，大意为：我治理天下，以仁和为主。大家要以养老尊贤为美德，在家要孝敬父母，与兄弟姐妹要和睦相处，在社会上对其他人，要如同对待自己的家里人一样。三月二十五日、三月二十七日、三月二十八日三天，参加宴会的满汉老人多达六千六百人。此后，各地倡导“尊”与“孝”，掀起敬老爱老之风。

康熙六十一年（公元 1722 年），为了庆贺自己执政 60 年，天下太平，百姓富庶（shù），也为了庆祝自己 70 岁生日，康熙于正月初二、初五举行了第二次千叟宴，宴请了 1020 位老寿星。在典礼上，老人们按辈分入座，康熙亲自为老人们祝酒、赠诗。

宴会上，康熙敬了三杯酒。第一杯敬他的奶奶孝庄太皇太后，感谢孝庄太皇太后的扶助之恩。第二杯敬诸位大臣和天下百姓。当端起第三杯酒时，康熙说：“这杯酒敬给我的敌人。”

① 畅春园：位于北京，圆明园南。园内有湖、亭等山水建筑。

众人愕（è）然①，不能理解。他说："鳌（áo）拜、吴三桂、郑经、噶尔丹，还有朱三太子②，他们都是英雄豪杰，是他们造就了我，他们逼着我立下了这丰功伟绩。我恨他们，也敬他们。"最后这一敬，显示了千古一帝的气魄和超过凡人③的胸怀。到如今，逢宴三杯酒的习惯，显示了主人家的好客之情，相隔百年，习俗不改。

乾隆五十年（公元 1785 年），正逢乾隆执政 50 年，四海承平，天下富足。乾隆帝效仿他的祖父康熙帝，举办了第三次千叟宴，宴请了 800 席，其中就有御厨精心制作的满汉全席④。席间，乾隆把一品大臣和 90 岁以上的人叫到跟前，赐他们美酒；又命皇子、皇孙、皇曾孙在殿内依次敬酒；赐予他们诗刻、如意、寿杖、朝珠、缯绮（zēngqǐ）、文玩、银牌等。

乾隆六十年（公元 1795 年），乾隆已 85 岁，在位 60 年，为了不超过祖父在位 61 年的纪录，他将皇位让给了儿子，而后在宁寿宫皇极殿举办了第四次千叟宴。参宴老人的年龄由 60 岁以上改为 70 岁以上，此次千叟宴共有 3056 名老人参加，为太上皇⑤祝寿。

---

① 愕然：形容惊奇的样子。

② 鳌拜、吴三桂、郑经、噶尔丹、朱三太子：这些人都是康熙的对手。康熙刚做皇帝时，鳌拜控制着朝政。康熙忍耐并暗中积蓄力量，数年后除掉了鳌拜。之后，吴三桂联合其他人发动叛乱，差点动摇了康熙的政权。在台湾地区的郑经联合朱三太子兴风作浪。噶尔丹起兵反叛。这几个人，康熙一个一个战胜了他们。

③ 凡人：平常的人。

④ 满汉全席：清代宫廷最隆重的宴席。通常在皇帝大婚、公主下嫁或皇帝、太上皇、皇太后生辰时举行，席上有各种山珍海味。

⑤ 太上皇：皇帝的父亲。

第五课

婚嫁——万载良缘此日成

民俗小讲堂·婚嫁

辰　龙：木兰、华爷爷，快来看我叔叔结婚的视频，可好玩了！

木　兰：好热闹呀，就像过春节一样！

华爷爷：哈哈，在中国人眼里，婚嫁的重要性一点都不亚于春节呢。中国古代有句俗语："人生有四喜：久旱逢甘霖(lín)、他乡遇故知、洞房花烛夜、金榜题名[①]时。"这"洞房花烛夜"指的就是结婚那天晚上。

辰　龙：洞房？难道以前的人是在山洞中生活的吗？

---

① 金榜题名：在古代最高规格的考试中取得名次。

华爷爷：相传，远古时期，有位部落[1]首领，叫尧（yáo）。有一天，他到牧区慰问牧民，忽然闻到一股幽香，紧接着有一位漂亮的女子手拿火种飘然而来。尧惊呆了，问了牧民才知道这是鹿仙女。尧决定下山寻仙。在一个叫仙洞沟的地方，他看见一只俏丽的梅花鹿悠然地从洞中走来。突然，一条大蟒（mǎng）从旁窜出，直冲尧而来，尧措手不及。只见鹿仙女走到跟前，用手一指，大蟒顿时仓皇[2]而逃。尧相貌堂堂[3]，仙女美丽动人，两人一见钟情，从此结成了一段佳缘。他们在仙洞完婚，一时间祥云缭（liáo）绕，百鸟齐鸣。到了傍晚，一簇神火照到洞顶，耀眼夺目。人们慢慢就把新婚夫妻的房间称为“洞房”。又因为中国人结婚时通常会在屋里摆上刻有龙凤图案的红烛，增添喜庆，人们就用“洞房花烛夜”来指新婚之夜。

木　兰：原来是这样呀！看来中国人的婚礼还有不少知识呢！

华爷爷：是啊，婚姻在中国古代被认为是头等大事，学问可多着呢！男女双方，男方被称为“新郎”，女方被称为“新娘”。婚礼开始前，新郎要到女方家接新娘，新娘会提前打扮好等新郎，这叫“迎亲”。你们看，“婚姻”这两个字，本来是写作“昏因”的，指男方黄昏时到女方家迎亲，女方随着男方出

---

① 部落：一些血缘相近的氏族聚居在一起组成的集体。

② 仓皇：害怕、忙乱的样子。

③ 相貌堂堂：形容人的仪表端庄，举止大方。

门，也就是“男以昏时迎女，女因男而来”。所以古代的婚礼大多在黄昏时举行。接到新娘以后，婚礼才算正式开始。

辰　龙：差点忘了，我还给你们带了喜糖。

木　兰：喜糖也是中国人结婚必须有的东西吗？

华爷爷：是的。如果你听到别人问“什么时候请我吃喜糖啊？”“什么时候请我喝喜酒啊？”其实就是在问你“什么时候结婚”。婚礼上新婚夫妇给来宾分发喜糖也是为了感谢大家的到来，增添喜庆热闹的气氛。除了喜糖，有些人还会准备一些红枣、花生、桂圆、莲子等，在婚礼当晚撒在新房的床上，寓意“早生贵子”，是祝福新人的一种方式。

辰　龙：原来小小的喜糖还有这么独特的意义啊！

婚嫁之“囍”

婚嫁六礼

在古代，中国人的婚嫁一般需遵循六礼，分别为纳采、问名、纳吉、纳征、请期、亲迎。六礼结束，两个人才算真正结为夫妻。现代婚礼为了方便，省去了古代的一些礼仪，但六礼中大致的婚礼流程一直流传下来，成为极具中华民族特色的传统风俗。

1. 纳采

纳采是六礼中的第一礼。当男方想与女方结亲时，就请媒人去女方家提亲①。得到应允后，男方再请媒人正式向女家提出纳“采择之礼”。古代常带的礼品是雁。雁是候鸟，夏天生活在北方，冬天飞往南方。纳采用雁，就等于告诉女家“男大当婚，女大当嫁”，应该像雁那样适时选择生活的地方。又因雁不易作为活物相送，所以古人常以“舒雁”，也就是鹅来代替。现在虽然男女大都是自由恋爱，但是到了谈婚论嫁的时候，大多数地区还是会由男方请家里的长辈带上礼品到女方家里做客，向亲友介绍男方，以表示双方家庭对二人婚姻的重视。

---

① 提亲：男家或女家向对方提议结亲。

2. 问名

问名是六礼中的第二礼。男家行纳采礼后，再请媒人询问女方的名字、出生年月日。这一仪式起初是为了方便媒官将未婚男女的出生年月日及姓名登记入册，也用以防止同姓近亲结婚。后来，男家会利用问名得来的生辰与年月日，占卜[①]双方的婚姻是否适宜，吉凶如何。古人认为，只有双方生辰八字[②]相合，才是一桩好姻缘[③]。再后来，问名扩展到了解门第[④]、家产、年龄、职位、品貌、健康等方面的情况。通过问名确定可以成婚之后，男方再行纳吉礼。到现代，仍有不少人家非常重视问名之礼。

3. 纳吉

纳吉是六礼中的第三礼。在为男女双方的生辰卜卦[⑤]后，男方将卜卦的吉兆[⑥]告知女方，并向女方表达要定亲的意愿，这一过程就叫“纳吉”，也被称为“合婚”。到这一步，这桩婚姻基本定下来了。写有男女双方生辰八字的庚帖对于这桩婚

---

① 占卜：用龟甲、铜钱等推断吉凶祸福。

② 八字：将人出生的年、月、日、时各配干支，即八字，以推断人一生的吉凶祸福。

③ 姻缘：男女成婚的缘分。

④ 门第：家族的社会地位及声望。

⑤ 卜卦：占卜以了解事情吉凶。

⑥ 吉兆：吉祥的征兆。

姻来说十分重要，又被叫作“龙凤帖”。

4. 纳征

纳征是六礼中的第四礼，也叫“纳成、过大礼”。在大婚前一个月至两周，男方会请两位或四位女性亲戚①、媒人，带上聘金②、聘礼③到女方家中。这是男方迎娶女方必走的最重要的程序。一般来说，纳征的物品都是成双成对的，忌讳单数。古代纳征通常有金花簪两对、金手环一对、金戒指一对、红绸、蜡烛、礼饼等。

5. 请期

请期是六礼中的第五礼，俗称“送日头”“称提日”。男方选择结婚佳期后，用红色信纸书写男女生日，这封文书被称为“请期礼书”，由媒人带到女方家，和女方家主人商量迎娶的日期。婚期讲究吉利，人们通常会考虑到阴阳④五行、天气等各个因素，选取一个良辰吉日⑤。现代婚礼选择婚期，除了会考虑上面提到的因素外，还要考虑男女双方的假期、工作安排等。

---

① 女性亲戚：这些女性亲戚须是全福之人。全福之人指父母健在、夫妻恩爱、儿女双全、兄弟姐妹和睦相处的妇人。按民间婚俗礼仪，在婚礼上须有全福之人照料各种事项，新婚夫妇未来也能吉祥如意。

② 聘金：订婚时，男方送给女方的钱财。

③ 聘礼：定亲的礼物。

④ 阴阳：根据四时、节气、方位、星象来讲人事吉凶的数术。

⑤ 良辰吉日：指美好的时光，喜庆的日子。

6. 亲迎

亲迎是六礼中的第六礼，俗称“迎亲”，即男方到女方家迎娶新娘的仪式。成婚当天，穿着礼服的新郎亲自到女方家迎接新娘。人们通常会请迎亲队伍，吹着唢呐[①]，敲锣（luó）打鼓，热热闹闹地把新娘接到新郎家。以前的人们都用花轿[②]接新娘，现在则以小汽车为主，数量一般都是六、八等双数，象征成双成对、好事成双。到男方家后，新人先完成拜天、地、祖先的仪式，再入洞房。

中国少数民族婚俗

中国少数民族也有一些特色婚俗。

云南西双版纳的傣族男女订婚时通常由男方带着酒菜到女方家请客。等客人离开后，男方和男方的三个好友、女方和女方的三个好友再摆一桌饭菜，这又被称为“吃小酒”。“吃小酒”一般吃三道菜：第一道是热的，第二道要盐多，第三道要有甜食，以此来祝福新婚夫妇的生活火热、深厚、甜蜜。新婚夫妇的新房修建好之后还要“贺新房”。婚礼之日双方家里都要举行婚礼，一般先在女方家里进行。婚宴前新郎、新娘要

① 唢（suǒ）呐：乐器名。原流传于波斯、阿拉伯一带，金、元时传入中国。

② 花轿：旧时结婚时新娘所乘坐的轿子。

做拴线仪式，即由主婚人用一根白线绕过双方的肩，又用两根白线分别拴在新郎、新娘的手腕上，象征纯洁。

聚居在中国东北部的朝鲜族在举行传统婚礼时，新郎要身穿礼服，告别父母，亲自骑马到女方家迎亲。一路上，有一位手捧双雁的“雁使”，走在迎亲队伍的最前边。迎亲队伍到了新娘家，女方会在新郎下马的地方放一个麻袋，麻袋里装有稻谷之类的粮食，新郎下马时第一脚必须踩在这个麻袋上，意味着新郎新娘婚后稻谷满仓、生活富裕。

在中国湖南、贵州等地的苗族青年确定恋情后，父母就会为他们选择吉日结婚。但结婚前一段时间内，男女双方不能见面，俗称“婚前不见面”。结婚的前一天，男方把迎亲礼送到女方家。迎亲礼中，有一种用糯（nuò）米面做成的、又大又厚的糯米粑粑①，表示新郎新娘婚后将团团圆圆、衣食丰足。结婚这天，新郎由伴郎②陪同，带着礼物去娶亲。娶亲者到达女方村寨时，会有一群妇女伸出竹竿拦住路，要和娶亲者对歌③。每对完一首歌，娶亲者都要拿出礼物给这些妇女，她们才会收回竹竿让路。娶亲者走一段，对歌一次，反复多次才能到达新娘家。

---

① 粑粑：用糯米或一般食用的米做成的食品，与饼相似。

② 伴郎：陪着新郎，并辅助新郎进行结婚典礼的男子。

③ 对歌：双方一问一答地歌唱。

民俗故事

月老的传说

唐朝时，有一位名叫韦（wéi）固的人。有一次，他到宋城旅行，住在南店里。

一天晚上，韦固在街上闲逛，看到月光之下有一名老人席地而坐，正在翻阅一本又大又厚的书，他的身边还放了一个装满红色绳子的大布袋。韦固很好奇地问："老伯伯，请问您在看什么书呀？"老人回答说："这是一本记载天下男女婚姻的书。"韦固听后更加好奇，就问："那您身旁袋子里的红绳又有什么用处呢？"老人微笑着对韦固说："这些红绳是用来系男女的脚的，不管两人相距多远，我只要把这些红绳分别系在他们脚上，他们就一定会相遇，并结为夫妻。"韦固听了，只当老人的话是玩笑之语，没有放在心上。就在这时，街上忽然闯进一匹受惊的马，眼看着就要撞上前面的一位女孩和一位腿脚不太灵活的妇人，韦固立马上前将她们拉开，但女孩的眉间还是被蹭破了。女孩和妇人向韦固道谢之后便离开了。

光阴似箭，转眼十年过去了。韦固与自己的结婚对象即将完婚。对方是相州刺史[1]王泰的掌上明珠[2]，人长得很漂亮，只是眉间有一道疤（bā）痕。有一次，韦固无意间听岳父提起，说他女儿十年前和仆人在宋城时被一匹受惊的马撞了，虽然被好心人救了，但眉间还是留下了一道疤。韦固听了，愣了一下，十年前的那段往事迅速浮现在他的脑海里。他想："难道她就是我救下的那个女孩？"于是他追问说："那她的仆人是不是一个腿脚不太灵便的妇人？"王泰说："不错！可是你怎么会知道呢？"

这时韦固才相信，原来那位月下老人说的是真的，他们的姻缘真的是上天注定的。不久，这件事就被传到了宋城，当地的人为了纪念月下老人，便把南店改名为"订婚店"，把掌管男女姻缘的神仙称为"月老"。

如今，在中国民间，"月老"已成为媒人的代称。月老以红绳相系男女，确定男女姻缘，"红绳"也被赋予了许多文化寓意，成为月老的象征。一些单身男女希望自己遇到心仪的对象，就在手腕上戴红绳。有些女孩将红绳戴在右脚上，表达"期待真爱出现"之意。一些已婚人士则将红绳看作婚姻的定情信物，夫妻各戴一条，寓意一辈子相守。

---

① 刺史：古代官名。

② 掌上明珠：捧在手掌上的一颗珍贵明珠，比喻极受宠爱珍视的人，多指爱女。

月下老人

民俗百宝箱

中式婚礼服装

提到中式婚礼的着装，很多人马上会想到“凤冠霞帔（pèi）”。那么，古人出嫁时身穿凤冠霞帔吗？凤冠，是古代皇帝后妃的冠饰，上面装饰有凤凰图样的珠宝。霞帔，就是身上两条如同绶（shòu）带般的东西。凤冠霞帔是高等级礼服，一般人是不能随便穿的。中国人结婚身穿“凤冠霞帔”纯属误会。

周朝的婚礼气氛严肃，因此婚服颜色选择了代表庄重的黑色为主色调。新郎所穿的玄端礼服，被称为“爵弁（biàn）玄端”；新娘所穿的玄色纯衣，被称为“纯衣纁袡（xūnrán）”。这里的“玄色”就是红黑色。

周制婚服

从唐朝开始，不再以黑色为尊，婚服融合了周朝婚礼的庄重和后世的热闹，颜色为“红男绿女”。

唐制婚服

现代中式婚礼上常见的有龙凤褂、旗袍、汉服等，都是从古代婚服改良而来的。

中国传统褂（guà）图案，以花枝、双喜、鸳鸯（yuānyāng）为主。龙凤本属封建王室专用，民间不允许使用。近现代以来，阶级区分不再严格。现代广东、香港等地的婚礼上新人多穿龙凤褂。

龙凤褂

很多人会将秀禾服和龙凤褂混为一谈，其实秀禾服是后人根据传统婚服设计的，源于中国一部有名的电视剧《橘子红了》的女主角秀禾所穿的服装。相比龙凤褂，秀禾服款式更加宽松，刺绣更加平实。

随着近年“汉服热”的兴起，许多人在结婚时还会选择穿汉服。常见的有明制汉服、唐制汉服等，具有不同的汉民族特色。

当代松赞干布与文成公主

在距今 1000 多年的中国唐朝，有一对夫妇的故事被人们传颂至今。他们就是西藏的松赞干布和唐朝的文成公主。

据史料记载，唐朝贞观年间，吐蕃（bō）赞普[①]松赞干布派遣请婚使者去长安求娶文成公主。文成公主与松赞干布的联姻[②]为汉藏两族的友谊作出了重要贡献，文成公主为藏族人民带去了大量珍贵的书籍、农作物以及先进的生产技术。今天拉萨市的布达拉宫和大昭（zhāo）寺内还供奉着松赞干布和文成公主的塑像，两人也为藏族人民所怀念。

在 1000 多年后的今天，文成公主的故事仍然被不断续写。来自北京的张廷芳就被大家称为“当代的文成公主”。

张廷芳大学期间与来自西藏的次旺俊美相识相恋，并在毕业后与丈夫一起回到西藏。用张廷芳自己的话来说，她与文成公主是不同的，“文成公主是为了民族大义，而我则是为了爱情”。话虽如此，但张廷芳夫妇这么多年来为西藏教育事业作出了巨大贡献。1972 年，张廷芳与丈夫次旺俊美从北京回到西藏投身教育事业，由于语言不通，他们编写了一整套汉文、藏文、汉语拼音三对照的《汉语文》教材，很快在西藏各个学校普及。后来，西藏大学成立，丈夫次旺俊美被任命为校长、党委书记，而张廷芳自己则被任命为西藏大学语言系副主任，两人在各自的岗位上兢兢业业、孜孜不倦。次旺俊美还编写了《康藏史地大纲》《西藏宗教与政治、经济、文化的关系》等著作。张廷芳和丈夫次旺俊美为西藏教育奋斗的一生，将如古代文成公主与松赞干布一样为后世所铭记。

---

① 赞普：唐代吐蕃君长的称呼。

② 联姻：两家族因子女通婚而结为亲家。

第六课

丧葬——老仙驾鹤蓬莱[①]去

民俗小讲堂·丧葬

木　兰：辰龙，我前些天去西安参观了秦始皇[②]陵兵马俑（yǒng），感觉特别震撼！

辰　龙：哇！我还没去看过呢！听说兵马俑是给秦始皇陪葬用的？中国自古以来就有陪葬的习俗吗？

木　兰：这可难倒我了！不如我们问问华爷爷吧。

辰　龙：好主意！华爷爷，您了解中国的陪葬习俗吗？

华爷爷：陪葬主要是中国古代皇室流传的一种习俗。中国

---

① 蓬莱（lái）：相传渤海中仙人居住的山。

② 秦始皇：秦王朝的建立者。他建立了中国历史上第一个大一统的国家，把古时的皇与帝合称为“皇帝”，自称“始皇帝”。

古代皇室多信奉佛教，认为人死后会在六道①中轮回转世，在这过程中，也需要衣食住行、金钱，保证转世的过程中不会遭受饥寒，不被恶鬼欺负。为了让死者能够顺利投胎②转世，人们会选一些生活所需或者死者生前喜欢的物品，放在死者的棺木中，希望死者能够顺利转世，免受折磨。

木　兰：我听导游介绍，兵马俑就是随秦始皇一同埋葬的战车、战马、士兵形状的陶制品。

华爷爷：对。在中国封建王朝中，帝王享有最尊贵的身份。帝王死后，人们会修建豪华的宫殿安葬他们，这些宫殿被称为“陵寝”。像木兰参观的秦始皇陵，还有北京的明十三陵、陕（shǎn）西的黄帝陵，都是呢。

辰　龙：看来，中国人很重视丧葬礼仪啊！

华爷爷：是啊！在中国古代，不同身份的人去世，有不同的表达。皇帝去世叫“崩”，诸侯去世叫“薨（hōng）”，士大夫去世叫“卒”，一般官员去世叫“逝世”，普通百姓去世叫“死”。这也是古代中国等级制度的体现。

木　兰：华爷爷，那现在中国的丧葬还要遵照以前的习俗吗？

华爷爷：现在虽然不像以前那样等级分明，但很多具有民

---

① 六道：表示人因作恶或行善带来的六类报应，即业报。这是佛根据业报受身的人所受的福报大小划分的，分别为天道（天人）、人道、畜生道、阿修罗道、饿鬼道、地狱道。

② 投胎：迷信观念认为，人或动物死后灵魂投入母胎转生。

族特色的习俗仍然保留着。在中国民间，人去世后通常会先停放在家里两到三天，这一仪式被称为“停尸[①]”，这几天由死者的亲属轮流守护，这一仪式被称为“守灵”，以此来表达后辈对死者的思念。人去世后的第七天，叫“头七”，是个重要的日子。民间认为死者的魂魄[②]会在这天返家。家人会在这天准备一顿丰盛的饭菜，供在死者的牌位前，为其转世投胎送别，然后早早睡觉，以免死者魂魄看见家人会舍不得走。

木　兰：听起来，这些习俗都是表达思念亲人的心意呀！

丧葬方式

1. 土葬

土葬可以说是世界上流传最广的丧葬方式，也是 21 世纪以前中国最常见的丧葬方式。古人认为“众生[③]必死，死必归土”，因此要让逝者“入土为安”[④]。

---

① 古代医疗技术不发达，人有可能因流血过多而休克，也有可能只是心跳减缓、呼吸微弱无法感觉出来，结果被误认为死亡。因此“停尸”两到三日，可以避免逝者并未真正死亡的情况。这一习俗不仅有文化意义，同样有科学依据。

② 魂魄：附于人体的精神灵气。

③ 众生：一切有生命的人和动物。

④ 入土为安：旧时认为人死后埋入土中，是对死者最大的安慰。

远古时期的土葬仪式非常简单，后来随着社会不断发展，仪式也变得越来越复杂，有些仪式一直保留到了现在。比如，要给死者沐浴更衣，换上寿衣，并找中间有方孔的古铜钱，用红线穿过中间的孔，打结，塞入死者口中，再把丝线系在死者两只耳朵上，叫作“噙口钱[①]”。老人去世后，后辈需要为其“守孝”，即穿孝衣或者在手臂上绑上黑纱，“守孝”期间不理发、不刮须。每隔七天，后辈带上鞭炮、纸钱、香、蜡烛、馒头等，到坟前祭奠，叫作“烧尽七纸”。后辈守孝当年，春节不贴红色对联或者贴绿色对联，元宵节时不挂彩灯，以表哀思。

随着社会的不断发展，中国的丧葬方式从以传统土葬为主转向以火葬为主。

2. 天葬

天葬是中国西藏地区传统的丧葬形式。天葬在天葬场举行。人死后，停尸数日，请喇嘛[②]念经、选择日期送葬。出殡[③]一般很早，有专人把尸体送到天葬师那里，先焚香供神，再按步骤向秃鹫（jiù）等喂食。藏传佛教认为，点燃桑烟是铺上五彩路，恭请空行母到天葬台，把尸体作为供品，敬献各

① 噙（qín）口钱：放在死者口中的铜钱。噙：含在口里面。

② 喇嘛：藏语意为“上师”。是喇嘛教对僧侣的尊称。

③ 出殡（bìn）：办丧事时，将装有尸体的棺木移到埋葬或安放的地方。

位神灵，祈祷为逝者赎去在世时的罪孽①，请诸神把死者的灵魂带到天界。直贡梯寺的天葬场是目前西藏最大的天葬场。

直贡梯寺一角

民俗故事

烧纸钱的由来

中国人在祭祀时，常烧冥②钱，又叫“纸钱”。这一习俗

① 罪孽（niè）：佛教用语，指应当受到报应的恶行。
② 冥（míng）：迷信的人称人死后进入的世界。

是怎么来的呢？

相传古时候，有个叫尤文一的秀才[①]，认真读书十几年，却没能考中举人[②]。他便弃笔从商，到大发明家蔡（cài）伦的门下学习造纸。尤秀才聪明过人，很受蔡伦的器重，蔡伦就把自己的技术全部传给了他。

过了几年，蔡伦去世了，尤秀才继承了蔡伦的事业，开始造纸。他造的纸又多又好，可当时用纸的人很少，造出来的纸卖不出去，在库房里堆积如山。尤秀才十分犯愁，渐渐茶饭不进，卧床不起，不到三天，闭上眼睛死去了。家人伤心欲绝。左邻右舍知道了这个消息，便过来帮忙料理丧事。尤秀才的妻子哭着对大伙儿说：“我们家穷，没有什么东西可以陪葬，就把这些纸烧了给他陪葬吧！”于是，他们专门派了一个人在尤秀才的灵前烧纸。到了第三天，尤秀才突然坐起来，嘴里还不停地叫着：“快烧纸！快烧纸！”人们以为尤秀才诈尸，害怕极了。尤秀才却说：“不要害怕，我是真的活了，是阎王老爷把我放回来的。”人们感到奇怪，纷纷向尤秀才询问缘由。尤秀才说：“是你们烧的这些纸救了我。这些纸烧化之后，到了阴曹地府[③]就变成了钱。我用这些钱买通了阎王爷[④]，他就把我放回来了。”家里人听了，都高兴坏了，又烧了不少纸。

① 秀才：明清两代生员，泛指书生、读书人。
② 举人：明清两代称乡试中试的人。
③ 阴曹地府：按迷信说法，指人死后灵魂所在的地方。
④ 阎王爷：地狱中的鬼王。

这件事传开以后，也有人不相信。一个有钱有势的老员外把尤秀才找去，对他说："我家用金银陪葬，不是比纸值钱得多吗？"尤秀才说："员外有所不知，这金银是人间用的，带不到地狱去。不信，员外可以掘开祖坟看看，那些陪葬的金银保证一分没动。"

后来，买纸的人就多起来了，导致尤秀才造的纸供不应求。其实，尤秀才并不是真的死而复生，只不过是为了多卖纸，和妻子商量好设下的一个计策。然而，给死者烧纸钱的风俗却流传下来了。

纸扎艺术

纸扎，是以竹片为支架、外层糊纸的工艺。纸扎起源于中国古代民间宗教祀祭活动，后来逐渐用于制作冥器①，供丧俗之用。

用于丧俗的纸扎主要以神像、元宝、房屋等为主。古时人们认为，人死后灵魂会去另一个世界，那里同样需要住房、钱财、衣物等，所以人们会在下葬或每年祭祀的时候，在死者坟

① 冥器：古代殉葬的器物。多指用烧给死者的纸做的器物。

墓前放上一些房屋、衣物等形状的纸扎，用火焚烧，祈求能够送到死者灵魂所在的世界，使死者在另一个世界生活富足。这反映了人们对死者的怀念，是生者的一种精神寄托。

中国人忌讳死亡，经常用于丧俗的纸扎也被认为带有不吉利的色彩，其实纸扎艺术所蕴含的中国人民的智慧是值得大家肯定的。2019年，法国人以中国纸扎艺术品为主题在巴黎凯布朗利河岸美术馆举办了一场名为“极乐天堂”的艺术展。

寿衣

老人去世后，儿女会为其穿寿衣。死者如果是男性，通常由儿子和女婿来料理；死者如果是女性，则由女儿和儿媳来料理。寿衣一般用绢（juàn）棉做成，取眷（juàn）恋、缅怀之意。衣裤的件数，必须是单数，不能是双数。现在比较流行的寿衣有以下几类：

衾（qīn）：裹尸的包被，形状像斗篷，用绸、缎等面料织成，绣上花卉、虫鱼、寿星等吉祥图案，穿在逝者的最外层。

寿衣：寿衣包括衣、裤、裙。衣有长衫、短袄[①]，并有内衣、中衣、外衣之分，裤和裙都有长、短等不同款式。

寿帽：又被称为寿冠。男的一般戴礼帽、便帽，也有戴传

① 袄（ǎo）：里面还有一层的上衣。

统瓜皮帽的；女的，特别是中国南方的老年妇女，常戴蚌（bàng）壳式绒帽。

寿鞋、寿袜：寿鞋一般是中式布鞋，寿袜一般为棉布袜。

寿枕：以纸、布做成。按传统习俗，头枕用云彩装饰，脚枕是两朵莲花，寓意“脚踩莲花上西天①”。

寿被：寿被是一种盖在逝者身上的狭长小被，处于最外层，以布、缎作为面料，绣有星、月、龙、凤等图案。

衾、寿衣、寿帽、寿鞋、寿袜

① 上西天：佛教中指到极乐世界，比喻人死亡。

民俗知识拓展

马王堆汉墓

位于中国湖南长沙的马王堆汉墓是西汉初期长沙国丞（chéng）相利苍及其家属的墓葬。2013 年 5 月 3 日，中国国家文物局将马王堆汉墓列入第七批全国重点文物保护单位名单。

安放墓主人的棺材共有四层。最外层是庄重的黑漆素棺，没有任何装饰；第二层是黑底彩绘漆棺，有金黄色的云气纹加以装饰；第三层是朱底彩绘漆棺，并绘有龙、虎、凤等代表祥瑞的图案；而最里面的是内棺，墓主人的遗体就存放其中。棺盖上覆盖着一块“T”形的神秘帛（bó）画。这幅帛画长达两米并且保存完好，是中国考古史上的一个重大发现。

马王堆汉墓结构宏伟复杂，随葬品也十分丰富，出土了丝织品、帛书等大量文物。马王堆汉墓出土的丝织品中，有一件薄如蝉（chán）翼的素纱禅（dān）衣，重量不足一两。相传唐代的时候，有个阿拉伯商人在广州拜见一位官员。他突然发现这位官员身上有一颗黑痣（zhì）居然透过薄薄的衣服显露了出来。正当他目瞪口呆的时候，官员问他：“您为何盯着我的胸口呢?”阿拉伯商人忙回答：“哦，我在惊奇为什么透过两层衣服还能看见您胸口的一颗黑痣。”官员听后大笑了起来，拉开衣服让商人看个仔细。原来他穿的衣服不止两层，而是五层！这个故事也反映出了当时缫（sāo）纺技术的高超。

马王堆出土的素纱禅衣

此外，马王堆汉墓发现的大批帛书和两卷医简，都被放在墓中一个长方形的漆盒中。帛书大部分写在宽 48 厘米的整幅帛上，被折叠成长方形。其中除了《周易》和《老子》，还有大量已经失传的古书，以及两幅古地图。这是中国考古学上古代典籍资料的一次重大发现。

第七课

节日——五风十雨庆佳节

民俗小讲堂·节日

辰　龙、木　兰：华爷爷，新年好！我们给您拜年啦！祝您平安健康！

华爷爷：辰龙、木兰，新年快乐！祝你们在新的一年里百尺竿头，更进一步①！这是给你们的红包，收好。

辰　龙、木　兰：谢谢华爷爷！

辰　龙：我最喜欢的节日就是春节了，能收到红包，还能吃到好多美食，最重要的是，调皮捣蛋也不会被长辈教训。华爷爷，为什么一到春节大人们都变得宽容了呢？

---

① 百尺竿头，更进一步：比喻到了极高的境地，仍须继续努力，争取更大的进步。

华爷爷：傻孩子，这是春节的节日禁忌。在春节，忌讳说不吉利的话，一般不与人谈论与死、病、灾有关的话题，还忌讳与家人、朋友吵架。

木　兰：华爷爷，今天早上，我注意到妈妈扫地的时候，是从门口往里扫的，这也有什么讲究吗？

华爷爷：没错！春节不能从屋里往门外扫，人们认为这样会把家里的财富扫出去。春节吃饭时候忌讳摔碎盘子、碗等，人们认为这样不吉利。如果不小心打碎了东西，要及时说一声"碎碎平安"，寓意岁岁平安。

辰　龙：我太喜欢春节了！可惜一年就这么一天。

木　兰：春节可不止这一天。按中国历法来算，从腊月二十三到正月十五，都是过年呢！有首童谣就把小年到大年的习俗都概括了："小孩小孩你别馋，过了腊八①就是年。腊八粥，喝几天，哩哩啦啦二十三。二十三，糖瓜粘；二十四，扫房子；二十五，做豆腐；二十六，煮煮肉；二十七，杀年鸡；二十八，把面发；二十九，蒸馒头；三十晚上玩一宿，大年初一扭一扭！"

华爷爷：木兰说得没错！地道的中国年包括忙年、过年、送年。这是中华民族最盛大的节日，人们通过最热烈的庆祝活动来迎接新的一年。说到这，我顺便考考你们，除了春节，你们还知道哪些中国的传统节日啊？

---

① 腊八：农历十二月初八。民间在这一天有喝腊八粥的习俗。

木　兰：端午节、中秋节！

华爷爷：对了！春节、端午节、中秋节都是中国非常重要的传统节日。木兰，你可知道端午节的来源？

木　兰：据说是为了纪念战国时期的爱国诗人、政治家屈原，对吗？相传，屈原修改法律，富国强兵，联合其他国家共同抵抗秦国，但他的改革工作遭到了贵族的强烈反对，他也因此被陷害①，流放他乡。当屈原听说自己的家乡被侵占后，便在五月初五这天，抱着石头投入汨（mì）罗江。楚国人为了防止江中的鱼虾吃掉屈原的身体，就用竹筒装米投到水中。

华爷爷：你答对了一半。端午节还源于二十四节气中的夏至。端午节又被叫作“端阳节”，端阳的意思是阳气②达到顶点。夏至是一年中阳气最盛的一天，由于夏至的日期并不固定，人们便把它转换为端午节来过。你们看，端午节不仅是节气的转变，也有纪念先人的意义。

木　兰：原来是这样啊！

华爷爷：那辰龙，你来说说，中秋节有什么习俗？

辰　龙：说起中秋节就能想到月亮，像拜月、赏月、吃月饼，还有放花灯、品尝香甜的桂花酒。去年中秋节时，我和家人一起去浙江观赏了钱塘江大潮，太壮观了！

华爷爷：新的一年，你们果然都进步不小呢！

---

① 陷害：以言语、计谋使人受害。

② 阳气：暖气，生长之气。

中国传统节日

旧年钟声入新年——春节

百节年为首。春节是中国农历新年，又被叫作新春、过年、过大年等，是中华民族最隆重的传统佳节。

中国人一般把“小年”看作“忙年”的开始。“小年”在各地有不同的日期，北方地区是腊月（中国农历十二月）二十三，南方大部分地区是腊月二十四。这一天，家家要扫尘、祭灶①、打扫房屋、清洗东西，意为“除旧布新”。在民间，几乎家家户户的厨房都设有“灶王爷”的神位，每到小年，人们就会祭拜灶王爷，祈求灶王爷保佑一家人平平安安。

① 祭灶：祭拜灶神，人们希望灶神在天帝面前多说好话，以求来年有好运。

从这一天起，人们便开始置办年货，处处充满了节日的气氛。

祭灶神

贴年红是春节极为重要的习俗。年红指的是春联、门神、窗花、年画、“福”字等过年时所贴的红色喜庆元素。过年贴年红，既能增添喜庆的节日气氛，又寄寓了人们对新年、新生活的美好期盼。

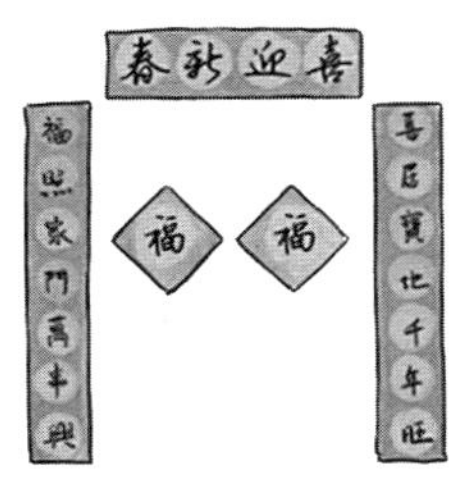

年红

一年的最后一天，也就是除夕，年夜饭是庆祝春节的重头戏。这是家人团圆的时刻，也是中国人最重要的一顿晚餐。年夜饭上，人们尽情品尝各种美味佳肴（yáo），有一些菜因为它们的吉祥寓意常常出现在中国人的年夜饭上。比如，鱼做的菜肴——“鱼”“余”谐音，寓意“年年有余”；腐竹①做的菜肴——寓意“富足”；“饺子”又名“交子”或者“娇耳”，有新旧交替之意，寓意喜庆团圆、吉祥如意，又因饺子形似元宝，有“招财进宝”之意；有的地方流行吃长面，喻示长寿；有的地方流行吃馄饨（húntun），象征一个好的开端。

除夕夜守岁，是一项很重要的活动。通宵守夜，象征着把一切邪瘟病疫赶跑驱走，期待着新的一年吉祥如意。人们在家里点上灯烛，整夜通明，全家围坐在一起谈笑，等待辞旧迎新。为了驱逐鬼怪恶魔、祈求平安，人们还会燃放爆竹。这给节日增添了很多喜乐的气氛。现在，为了避免过度燃放爆竹带来的环境污染以及对生活造成的危害，有些地区禁放爆竹，有些地区要求在特定时段、特定区域内燃放爆竹。

拜年也是春节活动中必不可少的。晚辈向长者拜贺新年，向长者叩（kòu）头施礼，祝贺新年如意、问候生活安好；同辈亲友之间也要施礼道贺。随着时代的发展，拜年的习俗亦不断创新。除了以往的拜年方式外，也流行电话拜年、短信拜年、网络拜年等。

---

① 腐竹：卷紧成条状的干豆腐皮。

古时候，除夕吃年夜饭后，长辈会向晚辈分赠钱币，并用红线穿成串，挂在小孩胸前，意为“压邪驱鬼”。因“岁”与“祟①”谐音，“压岁”就是“压祟”，所以这种钱币又被称为“压岁钱”。现在，长辈会将一定数额的钱币封入红包，分发晚辈，表达祝福。

五月端午杏（xìng）儿黄——端午节

过端午节，是中华民族自古以来的传统习惯。中国古代非常重视“二至”（冬至、夏至），每年的两个“至日”是代表季节交替的重要节气。端午节正值夏至日将至。在夏季，洪水频繁，蚊虫、疾病容易侵害人体。古代人们为了驱邪避恶，赶走瘟疫、疾病，用中医药等知识和技术来适应这一季节转化，就产生了丰富的端午习俗。

端午节时，中国人会在门上悬挂菖蒲（chāngpú）和艾蒿（hāo）。菖蒲狭长的叶片含有芳香油，具有提神、驱虫的作用。艾蒿的茎、叶产生的芳香，可驱蚊蝇、虫蚁（yǐ），净化空气。

端午期间，人们会用彩色或五色的线作为驱邪避凶的事

① 祟（suì）：指鬼神给人带来的灾祸。

物，这些线被统称为端午索。中国传统文化中，象征五方五行[①]的五种颜色“青、红、白、黑、黄”被视为吉祥色。端午节时，人们以五色丝线系在手臂上，以消灾祛（qū）病、保佑安康、益寿延年。

这一天，人们也会饮用药酒，主要是蒲酒和雄黄酒，以避瘟气。饮酒之余，人们会将剩下的酒涂抹在儿童的面颊、耳、鼻上，或洒在床帐间，以避毒虫。用雄黄酒涂儿童面颊、耳、鼻的习俗，俗称“画额”。通常是用雄黄酒在儿童额头上画“王”字，一借雄黄以驱毒，二借猛虎（“王”字似虎的额纹）以镇邪。

赛龙舟是民间过端午节的高潮。赛龙舟有请龙、祭龙神、游龙和收龙四个程序。端午节前要举行隆重的开光仪式才能把龙头请出来，并以最快的速度跑进河里。龙舟赛之前，人们还要到屈子祠（cí）中祭拜，希望得到祖先和神灵的保佑，以在竞渡中取胜。端午节是祭祀先人的时节，除了祭拜祖先外，多数地区的人们还会祭祀具有高尚人格或对地方有特殊贡献的古人，如屈原。屈原对后世影响很大，长江中游地区端午节俗中最引人瞩目的“龙舟竞渡”，传说就是为了纪念屈原。

---

① 五方五行：五方即东、西、南、北、中五个方位。五行即金、木、水、火、土，古人认为这五种物质构成世界万物。中医用五行说明生理、病理上的种种现象，也有人用五行推算人的命运。

赛龙舟

吃粽子也是端午节必不可少的环节。粽子在古时被称为“角黍”，因为其形状像角一样。古人用菰（gū）叶包裹黍（shǔ）米，黍米又被叫作“火谷”，在阴阳五行中属阳；菰叶生长在水中，五行中属阴。用菰叶包裹黍米就是“以阴裹阳”，古人通过以阴裹阳的方式传达阴阳调和、驱疫避恶的文化含义。如今，粽子的馅料和味道多种多样，味道主要分为甜与咸两种，都深受中国人的喜爱。

月到中秋分外明——中秋节

中秋节的民俗活动来源于人们对自然的崇拜以及独特的文

化信仰。

这一天，人们要祭月。远古人最早的祭月方式是对月直接跪拜礼敬。在周朝，祭月作为季节祭祀仪式被列入王室祀典，例行祭祀，由皇家主持。至唐宋，祭月仪式被不断完善并流入民间。祭月仪式在月亮升上天空后进行，而且以妇女为主。民间有“男不拜月，女不祭灶”的说法。

赏月的风俗来源于祭月。自汉代起，赏月习俗开始出现；到了唐代，中秋赏月、玩月盛行。中秋之夜，月色皎（jiǎo）洁，古人将圆月视为团圆的象征，举头望月，观察月亮的阴晴圆缺以寄托人们心中厚重的情感。

中秋节令食品是月饼。月饼又被称为“团圆饼”，本来是祭祀月神所用的祭品，一般在祭月之后就由家人分享。由于中秋时节正是收获的季节，人们为了加强家族、社会成员之间的联系，互相送礼物，月饼作为吉祥的象征就成了人们相互交流的信物①。

中秋观潮的风俗也由来已久，早在汉代就有了详细的记录。据科学家研究，中秋节前后，太阳、月亮、地球都在一条直线上，海水受到地心引力的影响会产生最大潮水。钱塘江入海口呈喇叭形，江口大而江身小，因而形成壮观的海潮。

中秋节这天，中国人还要赏桂花、饮桂花酒。桂花有“九里香”之誉，被看作是崇高、美好、吉祥的象征，是中国

---

① 信物：作为凭证的物品。

人民十分喜爱的一种花木。汉语中以“桂子兰孙”作为对他人子孙的美称；把进士[①]及第或考上状元称为“蟾（chán）宫折桂”；把月宫称为“桂宫”，以“桂魄”比喻月亮。

民俗故事

兔儿爷的传说

在北京，中秋节有一个独特的习俗——玩兔儿爷。这起源于一个传说：有一年，北京城里忽然闹起了瘟疫，几乎每家都有人得病。月宫中的嫦娥看到这一情景，心里十分难过，但身为神仙，她不能随意来到凡间，于是就派身边的玉兔去为百姓治病。玉兔变身成一个少女，带着在月宫中捣好的仙药，挨家挨户送药，治好了很多人的病。人们为了感谢玉兔，纷纷送东西给她，可玉兔什么也不要，只是向别人借衣服穿，每到一处就换一身装扮，有时候穿得像卖油的，有时候又穿得像算命[②]的；一会儿是男人装束，一会儿又是女人打扮。为了能给更多的人治病，玉兔骑上马或鹿、狮子、老虎，走遍了北京城。消除了北京城的瘟疫之后，玉兔就回月宫了。

---

① 进士：隋唐科举考试设进士科，录取后为进士；明清时称殿试中试的人。

② 算命：旧时一种迷信，用人出生的年、月、日、时，按天干、地支依次排列成八个字，再用五行等推算人的命运，断定人的吉凶祸福。

人们为了感谢玉兔，就用泥塑造了玉兔的形象，有骑鹿的，有乘风的，有穿着铠（kǎi）甲的，也有身穿各种工人衣服的，千姿百态①，非常可爱。到农历八月十五这一天，家家供奉她，为她摆上好吃的瓜果菜豆，酬谢她给人间带来的吉祥和幸福。

兔儿爷

佳节·佳肴

佳节配佳肴。在家人团聚的日子里，中国人常常全家聚在

① 千姿百态：形容姿态多种多样。

餐桌前一同享用香飘四溢的美食。中国三大传统节日更是有着数不胜数的美食，在悠久的历史中传承至今。

1. **春节**

每逢新春佳节，饺子是一道必不可少的佳肴。饺子是中国北方民间的主食和地方小吃，也是年节食品，过节吃饺子的习俗主要存在于中国北方地区。因“饺子”与“交子”同音，所以取“更岁交子”之意。

年糕是过年常备的节日食品，过年吃年糕是汉民族的风俗之一。年糕又名粘粘糕，谐音“年年高”，包含着人们对未来幸福生活的希望。年糕常用糯米制作。北方有黄米年糕、江南有水磨年糕、西南少数民族有糯米粑粑。

吃春饼是中国民间立春饮食风俗之一。在东北、华北等地区立春有吃春饼的习俗，取“喜迎春季、祈盼丰收”之意。春饼是用面粉烙制的薄饼，里面卷着萝卜细丝或各式炒菜一起食用。

糖瓜既是春节年节食品，又是祭灶神的祭祀用品。它主要用大米和麦芽制成，被抽为长条形的糖棍是“关东糖”，被拉制成扁圆形的就叫作“糖瓜”。

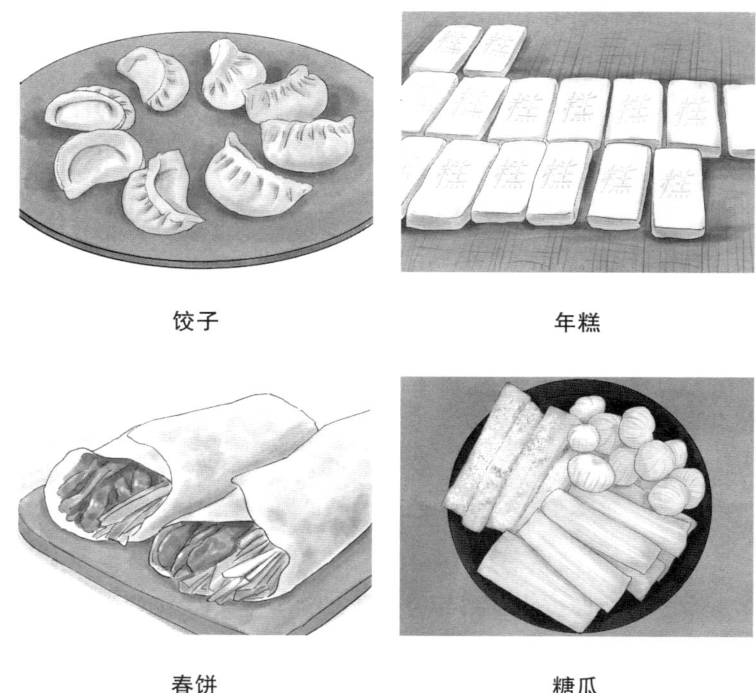

饺子　　年糕

春饼　　糖瓜

2. 端午节

端午吃粽子的风俗，千百年来，在中国盛行不衰。粽子是一种由粽叶包着糯米蒸制而成的食品，是中国传统节庆食物之一。粽子的形状多样，主要有尖角状、四角状等。由于各地饮食习惯不同，粽子形成了南北风味。从口味上分，主要有咸粽和甜粽两大类。人们根据自己的喜好，可包入蜜枣、绿豆、豆沙、五花肉、火腿、冬菇、蛋黄、海鲜等多种馅料。

中国江南民间端午节有吃“五黄”的食俗。“五黄”指黄鳝、黄鱼、黄瓜、咸鸭蛋黄、雄黄酒。有的地方用黄豆替代咸鸭蛋黄。按照老百姓的说法，在正午食用“五黄”可以更好地驱毒辟邪①。

粽子

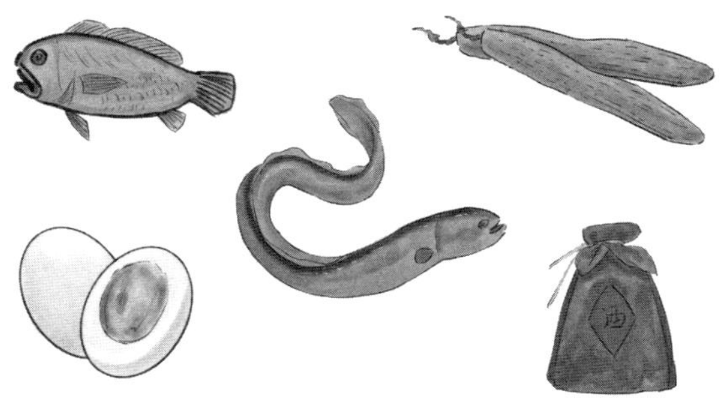

五黄（黄鳝、黄鱼、黄瓜、咸鸭蛋黄、雄黄酒）

① 辟邪：避免或驱除邪祟。

3. 中秋节

月饼，又称月团、丰收饼、团圆饼等，是中国汉族传统美食之一。月饼最初是用来拜祭①月神的供品。中秋节祭月后，全家人都围坐一起分吃月饼月果（祭月供品）。因为月圆饼也圆，又是合家分吃，所以逐渐形成了月饼代表家人团圆的寓意。月饼与各地饮食习俗相融合，发展出了广式、京式、苏式、潮式、滇式等月饼，深受中国人喜爱。

中秋节这天，赏桂花、饮桂花酒也是传统民俗之一。桂花糕也是这一时节的传统小吃，是一种以糯米粉、糖和天然桂花为原料制作而成的糕点。

月饼

桂花糕

① 拜祭：准备供品，对神佛或祖先行礼表示崇敬并祈求保佑。

桂花酒

嫦娥奔月

在中国，嫦娥奔月的传说家喻户晓。相传，在远古时代，后羿（yì）和嫦娥是一对恩爱的夫妻。有一天，后羿到昆仑山[①]访友求道，巧遇从这里经过的王母娘娘，王母娘娘给了他一颗不死药。据说，人服下此药，就能升天[②]成仙。可是，后羿舍不得撇下妻子独自成仙，就暂时把不死药放在了百宝盒里。一日，有个坏人意图盗抢不死药，嫦娥在与其周旋的过程

① 昆仑（lún）山：山名。在新疆和西藏之间，其北为塔里木盆地，其南为青藏高原，是西部的大山之一。

② 升天：上升至天界。也可指人死亡。

中，误食不死药。之后，她的身子立刻飘离地面，飞出窗子，飞向天空。夜空中挂着一轮明月，嫦娥一直朝着月亮飞去。后羿外出回来，发现妻子嫦娥不见了，他焦急地冲出门外，只见明月当空，圆圆的月亮上树影婆娑①，一只玉兔在树下跳来跳去，妻子正站在一棵桂树旁深情地看着自己……

嫦娥五号

千百年来，月宫中的嫦娥仙子被人们反复提及，嫦娥奔月的传说也流传至今。直到当代，中国人向月球迈出了探索的脚步。2004 年，中国正式开展月球探测工程，因为“嫦娥奔月”的古老神话而将这一工程命名为“嫦娥工程”。2007 年，“嫦娥一号”成功发射升空并传回第一幅月面图像。2012 年，“嫦娥二号”的拓展试验首次取得突破，并掌握了 700 万公里远的轨道设计和控制技术。2013 年“嫦娥三号”探测器在月球软着陆后，创造了人类探测器在月球表面工作的最长纪录；2019 年，“嫦娥四号”实现了人类探测器第一次在月球背面软着陆，并传回近距离拍摄影像。

① 婆娑（suō）：形容盘旋、舞动的样子。

2020 年 12 月 17 日，“嫦娥五号”返回器带着月壤凯旋。这是 21 世纪人类首次月球采样返回任务，标志着中国航天技术又迈上一个新台阶。

第八课

节气——万物有灵生生不息

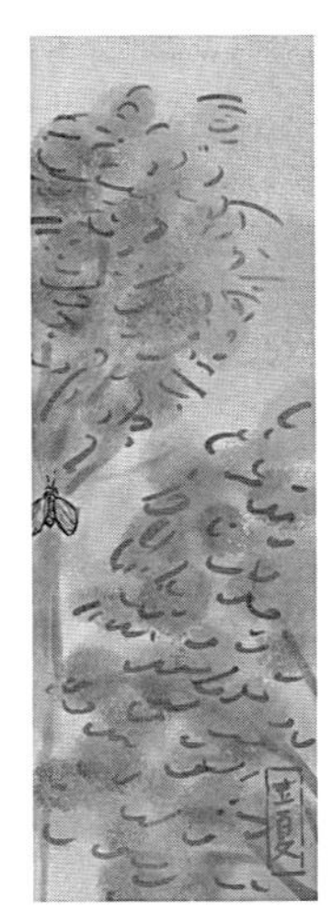

二十四节气之立春、立夏、立秋、立冬

民俗小讲堂·二十四节气

木　兰：辰龙，你知道中国的“四大发明”吗？

辰　龙：当然！指南针、造纸术、印刷术、火药，我记得可清楚了！

木　兰：那你知道中国的“第五大发明”吗？

辰　龙：这我还真没听说过。是“淘宝”吗？

木　兰：哈哈，不是。在国际气象界，二十四节气被誉为“中国的第五大发明”。2016 年，它还被联合国教科文组织正式列入人类非物质文化遗产名录。

华爷爷：二十四节气是中国历法中表示自然节律变化的特定节令。一年分四季，春、夏、秋、冬各三个月，每月两个节气，每个节气都有独特的含义，不仅能指导农民的农耕生产和日常生活，还包含了丰富的民俗文化。可以说，这是一部时间和自然的百科全书，也是中国人对孩子的自然启蒙课。

木　兰：华爷爷，过两天就是冬至了。冬至有什么含义呢？

华爷爷：对中国人来说，冬至是一个很重要的传统节日，有些地方还有“冬至大如年”的说法。人们认为，过了冬至，白昼一天比一天长，阳气回升，是一个节气循环的开始，也是一个吉日，应该庆贺。因此，冬至这天，中国很多地方有吃饺子的习俗。而在南方一些地区，则比较盛行吃汤圆或者冬至团，取“团圆”之意。民间也有“吃了汤圆大一岁”的说法。此外，很多地方有冬至日祭祖的传统习俗。

辰　龙：哇，真有不少庆贺冬至的习俗呢！不过，我怎么觉得，冬至之后，天气会越来越冷呢？

华爷爷：你的感觉没错！冬至这天是北半球一年中白天时间最短、黑夜时间最长的一天。太阳直射点从南半球慢慢移向北半球，是一个热量缓慢积累的过程。热量不够用，你自然就感觉冷了。等到立春，天气就开始回暖啦！

木　兰：听起来这二十四节气好有趣啊！跟天文、农事、自然、民俗都有着密切的关系。华爷爷，您给我们仔细讲讲吧！

“春雨惊春清谷天，夏满芒夏暑相连。秋处露秋寒霜降，冬雪雪冬小大寒。”在中国，很多人小时候都背诵过这首《二十四节气歌》。《二十四节气歌》短短28个字，包括了四季更替，显示了古人的无穷智慧。

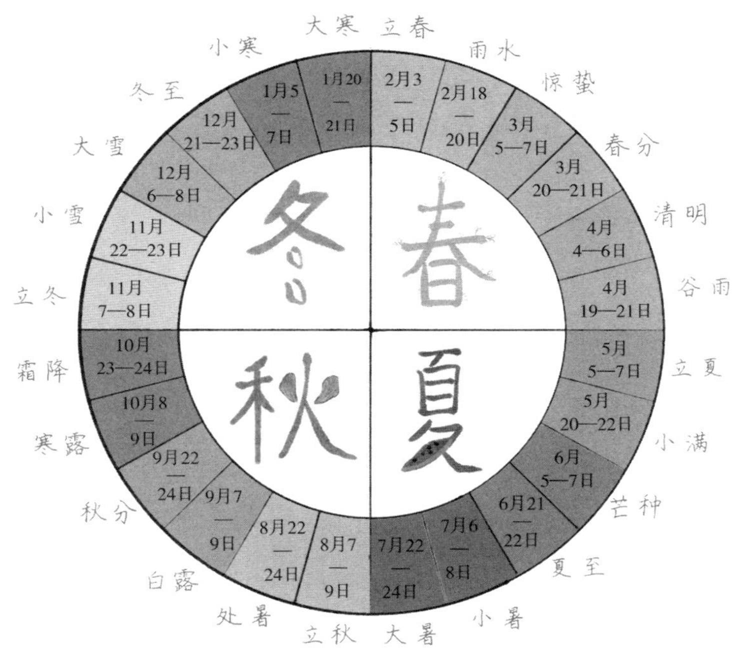

二十四节气图

二十四节气

历史上中国主要的政治、经济、文化、农业活动中心大多集中在黄河流域，二十四节气正是以这一带的气候或物候[①]现象、农事活动为依据建立起来的。“节”指一年中的一个节

① 物候：生物的生命活动、非生物的变化对气候的反应，如植物开花、结果，动物冬眠、迁徙等。

段，是一段时间的表示；“气”指气候，是一段时间内天气变化的情况。二十四节气分列在十二个月中，每个月有两个节气，每个节气历时 15 天。它们是立春、雨水、惊蛰（zhé）、春分、清明、谷雨、立夏、小满、芒种、夏至、小暑、大暑、立秋、处暑、白露、秋分、寒露、霜降、立冬、小雪、大雪、冬至、小寒、大寒。古人将立春、立夏、立秋、立冬合称“四立”，春分和秋分为“二分”，夏至和冬至为“二至”，加起来共为“八节”，民间称其为“四时八节”。

1. 立春

每年公历 2 月 3 日至 5 日，是春季的第一个节气。立，是开始的意思；春，代表着温暖、生长。上古时代，礼俗重视的不是农历正月初一，而是立春日。重大的拜神祭祖、驱邪消灾、祈年纳福、迎春、农耕庆典等均安排在立春日及其前后几天举行。人们认为，立春是“阴阳”之气中阳气升发的起始，从立春月起，阳气上升，万物更生，新轮回开启。

2. 雨水

每年公历 2 月 18 日至 20 日。此时冬去春来，气温开始回升，降雨开始，雨量渐增，多以小雨或毛毛细雨为主。进入雨水节气，中国北方地区仍较寒冷，尚未入春；而南方大多数地方已是春意盎（àng）然。

3. 惊蛰

每年公历3月5日至7日。此时春雷始鸣，惊醒蛰伏在地下冬眠的动物，民间有“春雷惊百虫”之说。惊蛰前后乍（zhà）寒乍暖，气温开始回升，北方大部分地区平均气温升至0℃以上，南方地区升至8℃以上，有的升至15℃。草木萌发，生机勃勃①，一年春耕由此开始。

4. 春分

每年公历3月20日至21日。春分，既指一天时间白天黑夜平分，各为12小时，又指正当春季三个月之中，平分了春季。这时气候温和，雨水充沛，中国大部分地区的越冬作物进入春季生长阶段。

5. 清明

每年公历4月4日至6日。清明既是节气，也是中国传统节日。这时，气温回升，天气逐渐转暖，万物吐故纳新②。在中国南方地区，气候清爽温暖、大地呈现春和景明之象；北方地区也开始断雪，渐渐进入阳光明媚的春天。

---

① 生机勃勃：形容充满生气活力，生命力旺盛。

② 吐故纳新：废弃旧的，吸收新的。

6. 谷雨

每年公历 4 月 19 日至 21 日，是春季的最后一个节气。谷雨是“雨生百谷”的意思，此时降水明显增加，田中的秧苗初插、作物新种，最需要雨水的滋润，因而“春雨贵如油”。降雨量充足而及时，谷类作物能茁（zhuó）壮成长。

7. 立夏

每年公历 5 月 5 日至 7 日，是夏季的第一个节气，表示夏天正式开始。这时天气逐渐升温，雷雨增多，农作物旺盛生长。中国大部分地区平均气温在 20℃ 上下，但东北和西北的部分地区刚刚进入春季。

8. 小满

每年公历 5 月 20 日至 22 日。天气渐渐由暖变热，降水逐渐增多，往往会出现持续大范围的强降水，南方民谚有“小满小满，江河渐满”的说法。也有人认为“小满”指夏熟作物的籽（zǐ）粒开始饱满，但还未成熟，只是“小满”，还未“大满”。

9. 芒种

每年公历 6 月 5 日至 7 日，“芒”指一些有芒的作物，如稻、黍、稷（jì）等；“种”，既指种子的“种”，又指播种的“种”。芒种时节，气温显著升高，雨量充沛，适宜晚稻等谷类作物耕播。过了这一节气，农作物的成活率就越来越低了。农谚“芒种忙，忙着种”说的就是这个道理。

10. 夏至

每年公历 6 月 21 日至 22 日，炎热的夏天来临。夏至这天，北半球各地的白昼时间达到全年最长。

11. 小暑

每年公历 7 月 6 日至 8 日，表示盛夏正式开始。“暑”，表示炎热。小暑为小热，还没到最热。中国大部分地区高温潮湿多雨，雨热同期，有利于农作物成长。

12. 大暑

每年公历 7 月 22 日至 24 日，一年中最热的节气。此时高温酷热、潮湿多雨，“湿热交蒸”达到顶点。这种天气十分有利于农作物的生长，农作物在此时生长得最快。

13. 立秋

每年公历 8 月 7 日至 9 日，是秋季的第一个节气，为秋季的起点。立秋之后，降雨、风暴等开始减少。在自然界，万物开始从繁茂成长转向萧索①成熟。

---

① 萧（xiāo）索：衰败、冷落。

14. 处暑

每年公历 8 月 22 日至 24 日，即“出暑”，是炎热离开之意。时至处暑，酷热难熬的天气到了尾声，天气虽热，但暑气渐渐消退，由炎热向凉爽过渡，要注意预防“秋燥”。

15. 白露

每年公历 9 月 7 日至 9 日，是反映自然界寒气增长的重要节气。天气逐渐转凉，白天有阳光尚热，太阳一落山气温便很快下降，昼夜温差大。昼夜热冷交替，寒气生，秋露凝。

16. 秋分

每年公历 9 月 22 日至 24 日，“分”即“平分”之意，是秋季三个月中的一半，也是全球各地白天黑夜等长之时。从秋分开始，一天之内北半球白昼开始短于黑夜，南半球相反。时至秋分，暑热已消，天气转凉，暑凉相分。

17. 寒露

每年公历 10 月 8 日至 9 日。进入寒露，常有冷空气南下，昼夜温差较大，并且秋燥明显。中国南方地区秋意渐浓，气爽风凉，少雨干燥；北方地区已从深秋进入或即将进入冬季。

18. 霜降

每年公历 10 月 23 日至 24 日，是秋季的最后一个节气。此时，早晚天气较冷、中午较热，秋燥明显。由于“霜”是天冷、昼夜温差变化大的表现，所以称“霜降”。俗话讲“霜降杀百草”，霜降过后，深秋景象明显。

19. 立冬

每年公历 11 月 7 日至 8 日，冬季的开始。“秋收冬藏”，万物在冬季闭藏，冬季是享受丰收、休养生息的季节。此时，气温逐渐下降，但由于地表贮存的热量还有一些，所以还不是很冷。在晴朗无风之时，常会出现风和日丽、温暖舒适的“小阳春”天气，民间称为“十月小阳春”。

20. 小雪

每年公历 11 月 22 日至 23 日。小雪时节，寒潮和强冷空气活动较频，天气会越来越冷、降水量渐增。此时的气候寒未深、降水未大，所以称“小雪”，而非下小雪的意思。

21. 大雪

每年公历 12 月 6 日至 8 日。这一时节气温显著下降、降水量增多。常下雨或下雪。

22. 冬至

每年公历 12 月 21 日至 23 日，开始进入寒天。一到冬至，民间便开始“数九”计算寒天了。“数九”是中国民间一种计算寒暖日期的方法，每九天算一“九”，一年中最寒冷的时间便是“三九、四九天”。从冬至起，太阳高度回升，白昼开始变长，太阳运动进入新的循环。古人把冬至看作“大吉之日”，在“时年八节”中，冬至的重要程度不亚于立春。

23. 小寒

每年公历 1 月 5 日至 7 日，标志着寒冬正式开始。民谚“小寒时处二三九，天寒地冻冷到抖”，就体现了小寒节气的寒冷程度。

24. 大寒

每年公历 1 月 20 日至 21 日，预示着最寒冷的时期就要到来。但根据中国气象记录，在北方地区大寒节气没有小寒节气冷，南方大部分地区则是在大寒节气最冷。大寒以后，立春接着到来，天气渐暖。

至此，地球绕太阳公转了一周，完成了一个循环。

张仲景的“祛寒娇耳汤”

在中国的北方地区，每年冬至这天，不论家境贫富，饺子是必不可少的食品。谚语云：“十月一，冬至到，家家户户吃水饺。”这个习俗是为了纪念冬至舍药的“医圣”张仲景。

张仲景返乡时，正是冬季。他看到乡亲面黄肌瘦[①]，饥寒交迫，不少人的耳朵都冻坏了，便让其弟子在南阳东关搭起医棚，支起大锅，在冬至那天施舍“娇耳”医治冻疮(chuāng)。他把羊肉和一些驱寒药材放在锅里熬煮[②]，然后将羊肉、药材捞出来切碎，用面包成耳朵形状的“娇耳”，煮熟后，分给来求药的人，每人两只“娇耳”，一大碗肉汤。人们吃了“娇耳”，喝了“祛寒汤”，浑身暖和，两耳发热，冻伤的耳朵都治好了。后人学着“娇耳”的样子，包成食物，这种食物也叫“饺子”或“扁食”。冬至吃饺子，是为了铭记“医圣”张仲景的“祛寒娇耳汤”之恩。至今南阳仍有“冬至不端饺子碗，冻掉耳朵没人管”的民谣。

---

① 面黄肌瘦：形容人消瘦、营养不良的样子。

② 熬煮：用小火慢慢煮。

张仲景

民俗百宝箱

节气习俗

过去，中国劳动人民从事农业生产主要依靠传统经验，而这些传统经验经过先辈们的总结归纳，形成了一些民间俗语和有趣的民间习俗，代代相传。我们一起来看看吧！

1. **咬春**

咬春是立春的节气习俗。人们在立春时要摆咬春宴，所有可咬、可食、可补的食物，都可入席。这一天，人们要吃用新鲜蔬菜制成的春饼或春卷，既为防病，又有迎接新春的意思。春饼又被叫作“荷叶饼”，面中间抹油，并将其擀（gǎn）成薄饼，烙熟后卷菜吃。

2. 二月二，龙抬头

根据民间传说，农历二月初二是兴云布雨的龙王抬头的日子，在这之后雨水渐多。民间有“二月二，龙抬头”的谚语，表示春季来临，万物复苏，一年的农事活动即将开始。因此这一天又被叫作“春耕节”“农事节”“春龙节”等。南方部分地区有祭社习俗，庆祝土地公生日；北方则有吃猪头肉、理发的习俗。在这天剃头理发，意思是剃“龙头”，显尊贵、图吉利；妇女忌做针线，怕“扎瞎了龙眼”；不磨面、不碾①米、不行大车，怕“砸断了龙腰、龙尾”。民间也有吃面条、吃春饼、吃饺子的习俗。此外，人们还会在食物前加“龙”字——把饺子称为“龙耳”，把春饼称为“龙鳞”，把面条称为“龙须”，把馄饨称为“龙眼”。

① 碾（niǎn）：把东西轧碎或压平。

二月二，剃龙头

3. 立春蛋与放风筝

春分时节有一项重要的民俗，就是立蛋。民间有“春分到，蛋儿俏”的说法。人们以此庆祝春天的来临，后来立蛋渐渐变为一种祈求好运的传统。据说，春分这天最容易把鸡蛋立起来，想成功“立蛋”，可以选择一个光滑匀称、刚生下四五天的新鲜鸡蛋，尝试把它在平面桌子上竖起来。虽然失败者颇多，但成功者也不少。有人认为，这是由于春分这天南、北半球昼夜等长，太阳公转的轨道平面与地轴成66.5°夹角，力相对平衡，最有利于立蛋。

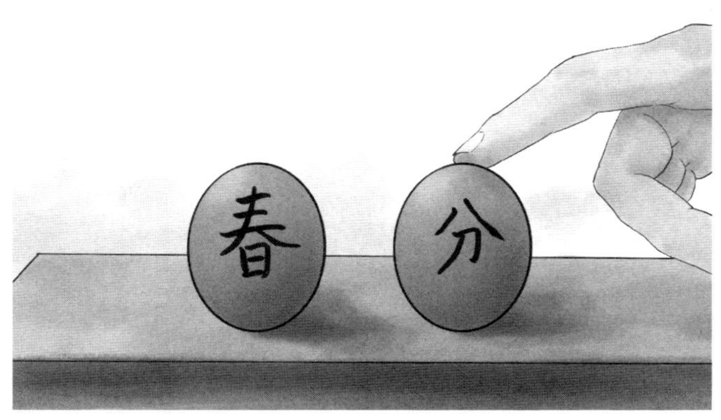

春分立蛋

春分前后也是放风筝的好时节。古人希望通过放风筝、剪断风筝线让风筝带走晦气来辟邪，如今大家更是借放风筝表达对新春新年的祈盼。在中国，这不仅是一项民俗活动，更是一项很好的健身运动。

4. **贴秋膘**（biāo）

夏天，人们容易没胃口，饭食清淡，体重大多会减少一点，这种现象被称为“苦夏”。秋风一起，人们胃口大开，就想吃点好的，补偿夏天的损失。补的办法就是“贴秋膘”，“贴秋膘”首选吃肉，所谓“以肉贴膘”。在立秋这一天，人们会吃炖肉、白切肉、红焖[①]肉，以及肉馅饺子、炖鸡、炖鸭、红烧[②]鱼等。

三伏天与三九天

1. 三伏天

民间常说："热在三伏，冷在三九。"三伏天是一年中气温最高且又潮湿、闷热的日子，通常出现在小暑与处暑之间，即7月中下旬至8月中下旬。三伏天包括初伏、中伏和末伏，其中初伏和末伏均固定为10天，中伏有的年份为10天，有的年份为20天。伏期开始称入伏或交伏，伏期结束称出伏。

中国传统医学讲究"夏养三伏，冬补三九""冬病夏治，夏病冬治"，进而发展出"三伏灸[③]""三伏贴"的疗法，在一年中阳气最盛、人体阳气最充沛的三伏天，人们充分利用"天人合一"的自然规律，贴敷相关穴位，驱寒祛病。在饮食上，人们要少吃凉食，多热补，民间素有"头伏饺子，二伏面，三伏烙饼摊鸡蛋"的谚语。

---

① 焖（mēn）：盖紧锅盖，用微火把饭菜煮熟。

② 红烧：把肉、鱼等加油、糖略炒，再加酱油煮成暗红色。

③ 灸：烧，中医的一种医疗方法，用艾叶等制成艾炷或艾卷，烧或烤人身体的穴位。

2. 三九天

与最热的“三伏天”相对的，就是最冷的“三九天”。中国农历用“九九”来计算时令，每九天为一“九”，第一个九天叫“一九”，冬至为“一九天”的第一天，第二个九天叫“二九”，依此类推，过完“九九”，冬天便结束，进入春天。“三九天”是从冬至算起的第三个“九天”，也就是冬至后的第 19 至 27 天。

“数九寒天，冷在三九。”中国传统医学认为，“三九”是一年中天气最为寒冷的时候，极易引起人们旧病复发或病情加重。因为冬至是阴寒之气盛极而衰的转折点，是一阳初生之时，从冬至开始，人们可进行“三九灸”，有利于帮助身体储藏更充足的能量，增强体质和抗病能力。

由于数九的日子漫长，民间出现了《九九消寒图》，作为记载进数九以后天气阴晴的“日历”，并表达迎春的心意。消寒图有用文字表示的，被称为“写九”；也有用图画表示的，被称为“画九”。写九，就是选有九笔的九个字，每笔代表一天，每字代表一九，如“庭前垂①柳珍重待春风②”九字。从冬至开始每天按照笔画顺序填充一笔。画九，就是画一枝素梅，枝上画梅花九朵，每朵九个花瓣，共八十一瓣，从冬至这

---

① 垂：汉字“垂”仅八笔，但在《九九消寒图》中，会把“垂”字中间的“艹”写成两个“十”，“垂”就成了九笔。

② 风：繁体字为“風”，繁体“風”为九笔。

天开始，一天一瓣，代表“数九天”的八十一天。

《九九消寒图》

第九课

祭祖——家祭无忘告乃翁

民俗小讲堂·祭祖

木　兰：清明时节雨纷纷，路上行人欲断魂。借问酒家何处有，牧童遥指杏花村。

辰　龙：木兰，你这摇头晃脑的，在念什么呀？

木　兰：我在念诗呢！中国唐代诗人杜牧写的《清明》。

辰　龙：听起来有点悲伤。这首诗讲的是什么呀？

木　兰：好像是诗人在清明节时的见闻。我们请华爷爷讲讲吧！

华爷爷：这首诗啊，不难理解。清明节这天，细雨纷纷，路上的行人好像失了魂一样迷乱、凄凉、伤感。诗人向人询问哪里有可以买酒喝的酒家，牧童远远地指了指杏花村。诗人因为看到路上行人看起来都很伤心，自己也触景伤情①，于是写下了这首流传千年的诗歌。

辰　龙：华爷爷，清明节是什么日子？为什么这一天人们会感到伤心？

华爷爷：清明节是中国的传统节日，在每年 4 月 5 日前后。这一天，人们通常会和家人一起去扫墓，祭拜祖先。诗人远离家乡、在外奔波，无法回家扫墓并与家人团聚，偏偏又赶上雨天，就多了一层伤感。

木　兰：原来是这样。华爷爷，只有清明节可以祭拜祖先吗？

华爷爷：也不是。中国自古以来注重孝道，尊亲敬祖。从过去到现在，祭拜祖先一直是家族中头等重要的大事。除了清明节，中元节②、重阳节③也是祭祖的重要节日。有些地方很重视在除夕的时候祭祖，祈求祖先保佑后辈来年平安顺利；有些地方会在先人生辰和忌辰祭拜，表达对祖先的思念与敬重；有些地方也祭祀天地神灵。你们看，我们这些在海外的华侨华人，很多会在家中供奉祖先灵位，也会在这些传统节日祭拜祖先。

---

① 触景伤情：看到眼前景象而引起伤感之情。

② 中元节：中国农历七月十五日。以前是道家举行斋会、祭奠的日子，后来演变为民间的祭祖日，家家祭拜祖先亡灵，并用丰富的菜肴、放河灯等仪式，普度鬼魂。

③ 重阳节：中国传统节日，在农历九月初九。以前在这一天有登高的风俗，现在这一天被定为“老人节”，提倡孝老敬亲。

辰　龙：对。我从小就看到我的奶奶、妈妈会在一些节日，在供桌上摆上鸡、鸭、水果、糖等食物，倒茶倒酒、烧香、叩拜、烧纸，有很多仪式。

华爷爷：是啊，从供品的准备到祭拜的礼节，都有很多讲究。

木　兰：我想起来了！我和辰龙都参加过中国举办的"寻根之旅"，我们都回过爷爷的家乡，还到家族的宗祠里祭拜先人呢！

祭祖礼俗

祭祀祖先是一项有着悠久历史的隆重的民俗活动。古人相信，祖先虽然过世了，但灵魂仍然存在，可以赐福、降祸给子孙。同时，在他们的心目中，祖先生产生活经验丰富，做事周全，是后辈可以效仿的典范。因此，就有了"祖先崇拜"，人们在除夕、清明节、重阳节、中元节等特定的日子，虔诚祭祀祖先。

中国各地区、各民族有着丰富的祭祖仪式。根据祭祀地点的不同，祭祖又可分为祠祭、墓祭与家祭。

1. 祠祭

祠祭是由家族集体在祠堂祭祀全族的祖先。这类祠堂，又被叫作家庙。逢年过节，整个家族的人都会前往祠堂拜祭。拜祭祖先前，家族往往要推选族中年长的人做主祭人。祠祭前众人先斋戒[①]三日，提前一日摆放灵位，摆设祭品、香烛等。

在中国安徽徽州地区，祠祭就是徽州宗族最重大的祭祀活动。2014 年 11 月，“徽州祠祭”被列入第四批国家级非物质文化遗产代表性项目名录。

2. 墓祭

墓祭即扫墓，是指到墓地祭祀祖先，表现祭祀者的孝道和对先人的思念之情。墓祭在礼仪、祭品方面都要比祠祭简单。按照习俗，祭祀者一般在上午出发，带上酒水、食物、水果、纸钱等到墓地，修整坟墓、添新土、除杂草，将食物供祭在祖先墓前，再将纸钱焚化，最后叩头行礼祭拜。

扫墓祭祖的习俗在先秦以前就有了，但由于古时候南北风俗有差异，有些地方扫墓不一定是在清明之际。到唐宋后，清明扫墓才开始盛行。南方一些地区，如福建、广东、海南、广西、云南等地会在重阳、清明或冬至扫墓。

---

① 斋戒：古人祭祀之前，先沐浴更衣，不喝酒、不吃荤等，以示虔诚尊敬。

3. 家祭

家祭指在家中祭祀祖先，向先人表示哀悼[①]的活动。家祭习俗历史悠久，早在唐代就已经有专人制定了家祭的礼仪，并传承下来。宋代诗人陆游在《示儿》中云："王师北定中原日，家祭无忘告乃翁。"由此可知，家祭作为一种祭祀祖先的仪式，在当时已经广为流传了。

家祭在不同时日有不同的祭祀内容。中元祭龛[②]，是指在中元节这天，拜祭祖先画像。朔（shuò）望是中国农历每月的初一和十五，这两天通常是人们约定俗成的祭祀祖先的日子。而祖先的诞辰和忌辰，更是子孙后代必不可忘的祭奠日期。

人文始祖——黄帝

黄帝是少典的儿子，姓公孙，名轩辕（xuānyuán）。传说他一生下来就有着神奇的灵力，别的婴孩还只会啼哭的时候，他已经学会说话了。

---

① 哀悼（dào）：对死者哀痛地怀念。

② 龛（kān）：供奉佛像、神位等的小阁子。

轩辕年轻的时候，统治天下已久的神农氏已经衰落了，诸侯相互攻打，百姓苦不堪言[①]。面对这样的局面，神农氏无力征讨。于是轩辕便操练士兵，攻打那些挑起战乱的诸侯。慢慢地，轩辕树立了自己的威望。后来，轩辕又率兵打败了神农氏和另一个四处作乱的部落首领蚩（chī）尤，最后称帝。

轩辕称帝，设立百官和左右大监，监察各方诸侯，使各诸侯国和睦相处；主持各种祭祀天地神灵的大典；奉行养生送死的制度，研究国家存亡的道理；按时种植五谷，驯化鸟兽为家禽家畜；研究日月星辰的变化等。通过这些努力，提高了土地生产力。他也因此被认为享有土的品德，土为黄色，所以后世称他为“黄帝”。

轩辕氏黄帝

---

① 苦不堪言：痛苦或困苦到了极点，已经不能用言语来表达。

黄帝和他的臣民们共同制衣冠、造舟车、养蚕（cán）桑、定算数、制音律、创医学、造指南车等。在中国历史上，黄帝时代是中华文明开始大创造的时代，黄帝被后人尊为“人文始祖”。相传，黄帝有25个儿子，得姓的有14个，分属12个姓氏，后来的唐、虞（yú）、夏、商、周、秦都是这12个姓氏的后代。

每年清明节那天，人们从各地来到黄帝陵前，举行公祭典礼和民间祭奠活动。多年来，前往拜祭黄帝陵的港澳台同胞和海外华侨华人已超过百万人次。

家谱与家祠

1. 家谱

家乘谱牒（dié），是记录氏族或宗族世系的书籍，通常被称为“家谱”“族谱”，又可以被叫作“宗谱”“世系谱”“通谱”等。“家谱”是人们最常用的说法。

在文字出现以前，最早的家谱是口述家谱。到了先秦时期，伴随甲骨文的产生，有文字记载的家谱也随之出现。修编家谱的风气，自两汉之后逐渐盛行，在曹魏时期，门第制度法律化，选官、婚姻等都要依照家谱。到了唐朝，唐太宗命人修《氏族志》，收集了全国的氏族家谱。宋朝“三纲五常①”思想盛行，人们因而极其重视家谱的修订，每隔一段时间就要对家谱进行续修，并将其看作对祖先的孝道。

在中国历史上，孔氏家族的族谱是延续时间最长、内容最丰富、谱系最完整的族谱。孔氏宗族把修谱看作全族的大事，通过修谱可以把居住分散、血缘关系相对疏远的孔氏族人组成一体。

明朝时，皇帝朱元璋赐孔家“公、彦（yàn）、承、弘、闻、贞、尚、胤”八个辈字供起名用。这样一来，从名字上就能看出辈分大小，如“公”字辈的人，就是“彦”字辈的父辈。后来，中国很多大家族也开始效仿这种方法，按家族世系取名。

---

① 三纲五常：“三纲”指君为臣纲，父为子纲，夫为妻纲。意思是，君臣之间，要以君为主，君主要对臣子负责任，做出表率，臣子要服从君主，如果君主昏庸无道，臣子便可弃暗投明；父子之间，要以父亲为主，父亲要为儿子负责任，做出表率，儿子要听从父亲的，如果父亲不仁，儿子也可远奔他乡；夫妇之间，丈夫为一家之主，要负起责任，做出表率，妻子要顺从丈夫，但丈夫要是不走正路，妻子也可改嫁。“五常”指仁、义、礼、智、信。“仁”指博爱、仁慈；合乎道德规范的言语行为就是“义”；“礼”是为了约束和规范道德而制定的基本的生活礼仪与准则；“智”就是智慧，有智慧的人才会真正懂得“仁”的意义，才会实践仁道；“信”就是诚信，讲信用，不虚伪。

孔子世家谱

2. 家祠

家祠，指旧时一个家族为了祭祀祖先而修建的祠堂，也被叫作“家庙”“宗祠”。古时候修建祠堂，有等级限制，民间百姓不得私自修立家祠。到明代嘉靖（jìng）年间，民间宗族才被准许立庙修祠。后来，做过皇帝或封过侯的姓氏修建的家族祠堂才可以被称作“家庙”，其余的都只能被叫作“宗祠”。古代人们在物质上依附于家族，精神上以家族祠堂为归宿，通过对同一祖宗的膜拜，在同宗成员之间建立起精神联系与情感交流。到现在，人们仍然会在重要的节日里，聚集整个家族的人，前往家祠共同拜祭祖先。有的家族中，杰出的子孙后代会出资帮助家族修建宗祠，这也被看成是光宗耀祖①的行为。

① 光宗耀祖：为家族增光，使祖先显耀。

在中国，有一些著名的家祠。例如，广东广州的陈家祠、湖南汝（rǔ）城的李氏家庙、安徽绩溪的胡氏宗祠等。

陈家祠

黄帝故里拜祖大典

新郑黄帝拜祖祭典，是指人们于每年农历三月初三在河南省新郑祭拜先祖黄帝的仪式。从 2006 年开始，这一祭典升级为“黄帝故里拜祖大典”。2008 年，中国国务院确定新郑黄帝拜祖祭典为第一批国家级非物质文化遗产扩展项目。

新郑黄帝拜祖祭典一般在两个地方举行：一是轩辕故里祠，二是轩辕庙。

祭典有公拜和民拜两种形式。公拜是官方对黄帝的祭拜，由周朝到清朝，历代延续不绝。民间流传着“三月三，拜轩辕”的谣谚，每年农历三月初一到三月初六，山上拜祖先的香火①极盛，山下同时举行热烈隆重的庙会。

在海外各地，“三月三，拜轩辕”的文化传统，也被华侨华人传承了下来。2020 年 3 月 15 日，由海外炎黄文化传承基金会主办的“海外炎黄子孙拜祖大典”在美国旧金山利弗（fú）莫尔市成功举办。大典以“同根同祖同源　和平和睦和谐”为主题，还加入了“同舟共济，团结一致抗击疫情”的内容。来自当地 100 多个侨社、文化团体各界的华侨华人、华裔代表等近 2000 人参加了大典。

轩辕庙

① 香火：用于祭拜祖先、神佛的香和烛火。

第十课

服饰——云想衣裳花想容

民俗小讲堂·服饰

木　兰： 辰龙，最近有个很火的视频《一眼千年》，展示了中国不同朝代的服饰，你看了吗？

辰　龙： 我听说了，但还没看。怎么样？你喜欢哪个朝代的服饰？

木　兰： 要说喜欢的话，我最欣赏南宋时期女性的服装。长裙配上轻盈的披帛，走起路来衣袂飘飘[①]，实在是太美了！

辰　龙： 我发现，中国人好像很喜欢红色，对吗？

华爷爷： 你说得没错！在中国，红色代表着喜庆、吉祥、幸福。春节时，穿红衣服、贴红色的“福”字、挂红色的灯

---

① 衣袂（mèi）飘飘：指衣衫飘荡飞扬，形容人轻盈潇洒、超尘脱俗的样子。

笼、发红包，大家都喜欢红色。它是中国的重要代表色，所以有“中国红”的说法。在古代中国的服饰中，红色是很尊贵的颜色之一，只有贵族才能穿这种颜色的衣服。

木 兰：颜色还能划分等级吗？

华爷爷：是的，不同的朝代对颜色等级的划分有所不同。比如，有的朝代根据统治者的喜好确定，有的朝代则是按照五行分出了青、赤、黄、白、黑五色。

辰 龙：华爷爷，我最喜欢的绿色不属于“五色”吗？绿色，代表着自然与生命，给人清新、舒适的感觉，充满了希望，多好的颜色呀！

华爷爷：五色在古代被称为“正色”，而绿、红、骝（liú）黄、碧、紫被称为“间色”，就是由两种原色调合成的颜色。说起来，在不同的场合，要穿不同颜色的衣服，你们知道哪些有关的知识？

木 兰：古时很多官服都用紫色呢！紫色给人一种神秘、优雅的感觉。紫色还是祥瑞的象征，汉语中有个成语叫“紫气东来”，用来比喻吉祥的征兆。

辰 龙：中国人结婚时，喜欢穿红色的衣服。这跟国外很多人喜欢穿白色婚纱结婚不一样。

华爷爷：是的，按照中国人的传统，白色一般是不能用在婚礼上的，只有白事①才用白色。当然，现在中国人的婚礼穿红色婚服、白色婚纱的都有。

---

① 白事：给去世的亲人办理葬礼。

木　兰：那如果我去参加别人的婚礼，也要穿红衣服吗？

华爷爷：一般来说，新人穿红色喜服，宾客随意。但宾客通常不会穿大红色的衣服，这样可能会喧宾夺主①，让人觉得抢了新娘的风头②，对新人不礼貌。同时，宾客也不穿黑色衣服、戴黑纱帽子、打黑色领带。

辰　龙：我知道，这些黑色或者深色的衣服，是在参加葬礼时穿的。在葬礼上，不能穿颜色鲜艳的衣服，更不能穿红色的衣服，也不能戴红色的饰品，不然，就是对逝者不敬。

华爷爷：说得好！看来前几课的知识，你们都已经掌握了。

中国古代女性服饰

---

① 喧宾夺主：客人的声音比主人的还要大，比喻客人占了主人的地位，或外来的、次要的事物占了原有的、主要的事物的地位。

② 抢风头：指人或事件很受关注或有争议。

中国服饰

从石器时代的兽皮蔽（bì）体，到纺织技术的使用，中国人用勤劳、智慧的双手织造出令世界震惊的灿烂服饰。让我们回到古老的衣冠之国，了解博大而典雅的中国服饰文化的产生与演变。

1. 秦汉服饰

秦汉时期的服饰有两种基本样式：一种为曲裾（jū），一种为直裾。“裾”是指衣服的大襟，即衣服胸前的部分。在汉代，两种样式都应用在深衣上，形成了曲裾深衣和直裾深衣。后来，又有了绕襟（jīn）深衣。

曲裾深衣、直裾深衣、绕襟深衣

在先秦时期，袍服多作为内衣，并且可以添加棉絮来抵御寒冷。到了汉代，人们开始将袍服作为外衣，并在一些重大仪式上将袍服作为礼服。

直裾袍服

襦（rú）裙是中国女子服饰最主要的形式之一，上衣下裳。上衣较短，大多长不过膝，被称为“襦”；下衣长，下垂到地，被称为“裙”；腰间搭配腰带。从战国时期至明朝，襦裙的颜色、纹样千变万化，但基本样式保持不变。

2. 魏晋南北朝服饰

魏晋时期的服饰以大袖宽衫、衣袂飘逸为特点。

与秦汉时期的双层袍服不同，衫大多为单层，更加方便穿戴。大袖衫的色彩以素雅为主，白色特别多。在魏晋时期，人们即使参加婚宴、典礼，也可以穿白衫。

大袖衫

秦汉时期的女子服饰样式大多质朴，到了魏晋时期，女子服饰逐渐趋向奢华，在颜色、花纹的使用上更加丰富、鲜艳。这一时期，女子服饰还是以襦裙、裙裤为主。

魏晋南北朝时期女子衫裙

3. 隋（suí）唐服饰

隋代统一全国后，服装形式与前朝相比，没有发生太大的变化。到唐朝，不同国家、民族间的密切交往带来了异域的独特文化，唐朝对这些文化兼收并蓄，积极吸收外来风格，这一时期的服饰文化大放异彩[①]。

隋唐时期，男子的日常穿着打扮是身穿圆领袍衫，头戴幞（fú）头，脚穿软靴。袍服袖子多为窄袖。幞头又被称作“折上巾”，即折上去的头巾。

隋唐男子服饰

唐朝时胡服盛行，不仅男子可以穿胡服，女子也可以穿。除了颜色上的限制，当时的服饰文化极度开放自由。

① 大放异彩：表现极为出色。

胡服

唐代女子服饰，丰富多彩且千变万化。其以前代的襦裙为基本样式，制作了受胡服影响的窄袖襦裙，有半截袖子的半臂上衣，有颜色艳丽的袒（tǎn）胸大袖襦裙，还有色泽鲜明的两色相间的间色裙。

唐朝时，袒胸大袖襦裙在女子之间尤为流行。其中，一种叫“石榴（liú）裙”的襦裙最受欢迎。在搭配裙子时，女子会用一条由丝帛制成的长巾披挂、缠绕在双臂之间，这种长巾被称为“披帛”。

隋唐女子服饰

4. 宋朝服饰

宋朝服饰体现出朴素、简单、清新、自然的风格。宋朝官员常见的服饰为头戴直脚幞头、身穿大袖襕（lán）衫，腰间束革带，脚穿乌皮靴。

宋朝时，幞头成为官员的规定服饰，而普通百姓开始佩戴幅巾，比较流行的有东坡巾。因此，在宋朝，通过一个人头上佩戴的首服，就可以知道其地位、身份。

大袖襕衫

能区别身份的饰品，还有腰带和佩鱼。腰带，一般是官员用来区分等级的标志，宋朝官员的腰带为革带。佩鱼，是挂在腰带上的鱼形饰物，它的作用相当于一个人的证件，这一般被做成鲤（lǐ）鱼的形状，也被叫作“鱼符”。

宋朝女子服饰大多沿袭唐朝服饰的形制，仍将大袖衫裙、襦裙、褙子①等作为主要日常服饰。贵族女子一般穿大袖长裙，头发梳成高髻，而普通女子穿窄袖衫、襦裙、裤子等。这一时期出现一种名为“背心”的服饰，背心没有袖子，这也是现代背心的原型。

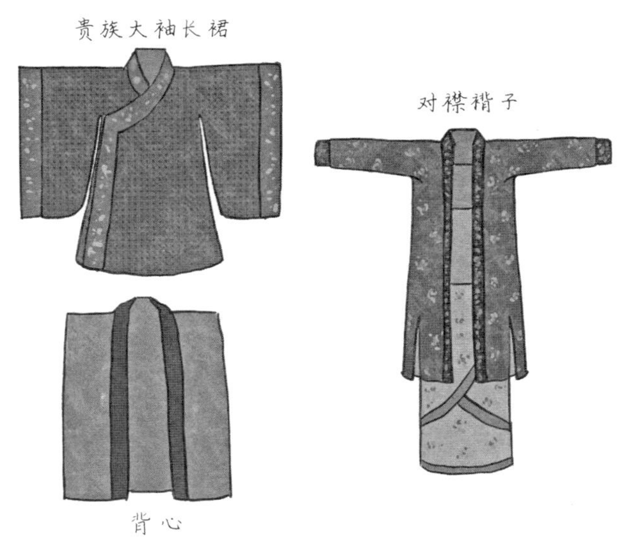

宋朝女子服饰

① 褙（bèi）子：古代加在外层的衣服，袖子短而较宽大。

5. 辽、金、元服饰

辽、金、元都是以游牧民族为主体的朝代。辽代以契丹族为主，金代以女真族为主，元代以蒙古族为主。这一时期虽然对前代的服饰风格有所保留，但游牧民族服饰的风格更为凸显。

辽代的服饰以长袍为主，没有任何性别和年龄的限制。

辽代长袍

女真族生活在北方，气候寒冷，多渔猎生活，因此多穿皮毛衣服御寒，且崇尚白色。

金代男子服饰

元代的服饰制度主要沿袭汉唐、宋金，因此服饰也以袍服为主。

质孙服也被称为“一色服”。质孙是蒙古语，意为“一色”。质孙服最大的特点就是衣裳、鞋、帽颜色必须一致。在元朝时，质孙服是贵重的礼服，人们在参加仪式时穿。

元代质孙服

6. 明朝服饰

明朝废除了前代的游牧民族服饰，开始恢复汉族传统服饰。其最突出的特点是端庄、严谨、大方，明朝的冠服制度形成了汉族服饰的最终样式。

明朝皇帝服饰有冕（miǎn）服、通天冠服、皮弁服、武弁服、燕弁服、常服等。冕服用于祭拜、登基等场合；通天冠服用于参加王侯、太子婚礼；武弁服用于参加战斗。

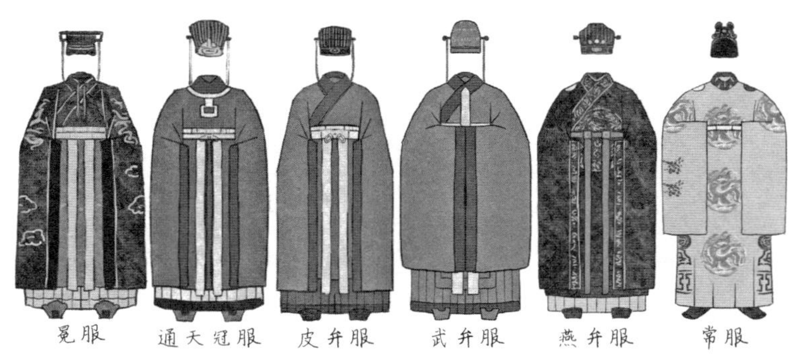

明朝皇帝服饰

明朝官吏常服主要由乌纱帽、圆领（团领）衫、革带组成。其中，乌纱帽最为人熟知。乌纱帽原是民间常见的一种帽子，魏晋时开始有官员戴乌纱帽，明朝以后，乌纱帽正式成为官员的代名词，因此当官员失去官位时，人们会说其“丢了乌纱帽”。

明朝官吏常服

官员的服饰中还有两种非常独特的服饰——斗牛服和飞鱼服。严格来说，斗牛服和飞鱼服并不是具体的服饰种类，而是按照衣服上的纹样来命名的。斗牛是指二十八宿[①]中的斗宿和牛宿；飞鱼服上有四爪飞鱼纹。

明朝时男子便服基本沿袭宋朝、元朝的形制，在此基础上进行演变，其中直裰（duō）、道袍、质孙服等较常用。

---

① 二十八宿：中国古代天文学家按东西南北四个方位划分天空中的恒星，把天空中可见的星分成二十八组，即二十八宿。

明朝男子便服

在明朝，凤冠霞帔是身份的象征，代表着显赫的地位。凤冠，是制成凤凰样式的头冠。宋朝正式用凤冠代称贵族女子礼服，一般在受到册封、祭祀时穿戴，明朝沿袭宋朝旧制。凤冠只有皇后、嫔妃可以佩戴，其他人禁止私戴。

明朝女子的礼服由霞帔、大袖衫、褙子组成，整体衣身宽松、两袖宽博，给人庄重严谨的美感。

女子常服主要是长袄和长裙，并没有严格的规定。

明朝女子服饰

7. 清朝服饰

清朝的服饰礼节繁多，是中国历代服饰规章制度较多的时期，但也是距今最近的朝代，所保留的文物、资料也最丰富。

至清朝，“龙袍”才成为专用的服饰名称。在这一时期，龙袍并不是皇帝最隆重的礼服，而是一种吉服。在重大的仪式上，皇帝身穿朝服。衮（gǔn）服主要用于祭祀时穿。文武百官都可以穿朝服，但是与皇帝的朝服形制不同。

清朝，袍为主要服饰，袍的下摆有两衩①和四衩之分。在这一时期，开衩的袍服尤为珍贵，四衩的更为尊贵。袍服之中，蟒袍的地位最高，在蟒袍上绣有蟒纹，可以通过不同的蟒纹来划分等级。

褂是清朝特有的服饰，经常与袍服搭配，套在袍服的外面。褂的使用不分男女，按照长度可以分为长褂和短褂。在马

① 衩（chà）：衣服旁边开口的地方。

褂之中，黄马褂尤为尊贵，一般是受皇帝赏赐的人才能穿黄马褂。

清朝男子的日常装束一般是袍褂加马甲。

长袍马褂

旗装在清朝女子中较为通行。清朝时满族实行八旗制度①，进入旗户籍的人被称为“旗人”，旗人穿的袍服也就称为“旗袍”。

---

① 八旗制度：清代满族军队组织和户口编制制度，以旗为号，分正黄、正白、正红、正蓝、镶（xiāng）黄、镶白、镶红、镶蓝八旗，后又增建蒙古八旗和汉军八旗。

旗装

李白与杨贵妃

李白是唐朝著名的大诗人，也是唐玄宗的“御用①词人”。

唐朝时，人们都很喜欢牡丹，皇宫中也栽种了很多牡丹。当时一些特别名贵的品种，被唐朝皇帝移栽到宫中的沉香亭前。

有一年春暖花开的时候，沉香亭的牡丹开得特别茂盛。皇帝骑着马，他的爱妃杨贵妃乘坐步辇②，两人一同到沉香亭赏

① 御用：君主专用的。
② 辇（niǎn）：古代人拉着走的车子，后多指天子或王室坐的车子。

牡丹。梨园①中的十六位高手，包括李龟年、贺怀智、马仙期等也跟随前往。当他们准备演唱的时候，皇帝说："赏名花，对妃子，怎么能唱那些旧的诗曲？"于是他命令李龟年叫诗人李白进宫写新词。谁知道李白当时正在喝酒，半醉半醒，就这样被请进了皇宫。

见到唐玄宗时，李白说："宁王赐臣酒，今臣已醉。倘陛下赐臣无畏，始可尽臣薄技。"皇帝说："可以。"于是李白命令道："杨国忠，快给我捧墨！高力士，快把我的靴子脱了！"杨国忠是杨贵妃的哥哥，高力士是当时最受唐玄宗宠爱的宦官②，这两位是皇帝身边的红人，朝中大臣都不敢这样无礼。但皇帝当时心情特别畅快，就让杨国忠和高力士按李白说的做。高力士给李白脱了靴子，李白就在席上坐下了。杨国忠捧来研好的墨，李白拿起笔沉思了一会儿，写下了三首《清平调》。皇帝读了很高兴，马上让乐师谱曲，并让乐工演唱。

后人都认为李白写下的《清平调》为"惊世之作"。《清平调·其一》更是流传久远且家喻户晓，其内容为：

云想衣裳花想容，春风拂（fú）槛露华浓。
若非群玉山头见，会向瑶台③月下逢。

---

① 梨园：唐玄宗时训练培养乐工的地方。

② 宦（huàn）官：太监，旧时宫中侍奉君王及其家属的官员。

③ 瑶台：仙人居住的地方。

那为什么这首诗能打动众多读者呢？我们先来体会一下这首诗的意思：见到云就联想到她华艳的衣裳，见到花就联想到她艳丽的容貌。春风吹拂栏杆，露珠润泽花色更浓。如此天姿国色[①]，不是群玉山头所见的飘飘仙子，就是瑶台殿前月光照耀下的神女。

整首诗都在夸赞杨贵妃惊人的美貌，却又没有一句说到杨贵妃具体的容貌，将云彩比作贵妃的华美的衣裳，将娇艳的牡丹花比作贵妃美丽的容颜，不露痕迹地将杨贵妃比作天上下凡[②]的仙女。正是这样精巧的比喻使得这首诗中的第一句“云想衣裳花想容”在后来被专门用来形容华丽的衣裳和美人。

杨贵妃

---

① 天姿国色：天生姿色，盖过全国。形容女孩容貌极其美丽。

② 下凡：神话中指神仙来到人间。

中国古代女子发式

在中国几千年的历史长河中，历朝历代女子都把头发作为展示美的重要部分。下面我们就来看看具有代表性的女子发式吧。

古代女子常在头顶或脑后把头发盘成各种形状，即为“髻”。有的由于自身头发难以达到想要的效果，就会使用“假髻”，类似假发，再以大量金银、玉器制成的发钗①固定。

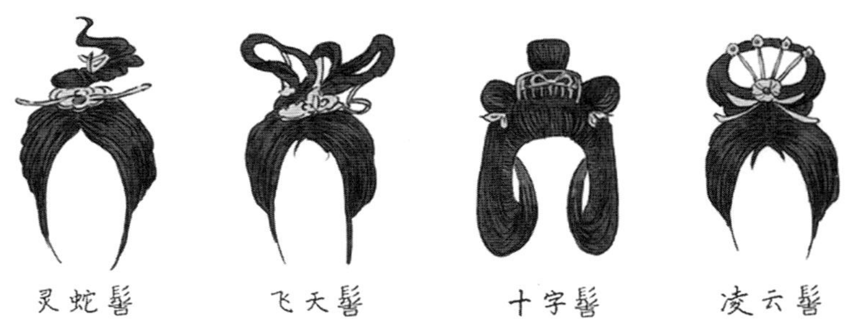

魏晋南北朝女子发式

① 钗（chāi）：古代妇女的一种首饰，形似叉，用金、玉、铜等制作。

宋朝女子发式

桃尖顶髻　莲花冠　挑心髻　牡丹头

明朝女子发式

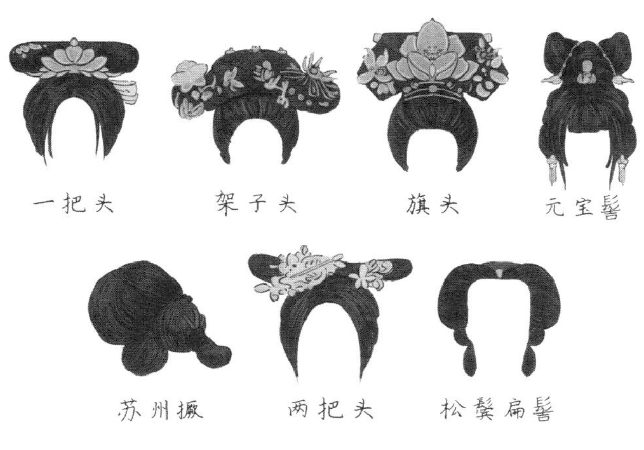

清朝女子发式

丝绸之路

说到中国服饰，人们很容易就会想到制作服饰的重要材料——丝绸。西汉时期，汉武帝派张骞（qiān）出使西域，开辟了一条以长安（今西安）为起点，经甘肃、新疆，到中亚、西亚，并连接地中海各国的陆上通道。中国的丝绸经这条通道不断地运往国外，成为世界闻名的产品。这条通道被命名为“丝绸之路”，中国也被称为“丝国”。而在海上，也有着这样的“丝绸之路”。最为著名的是南海丝绸之路，它主要以广州和泉州为起点，从中国经中南半岛①和南海诸国，穿过印度洋，进入红海，抵达东非和欧洲，途经 100 多个国家和地区，成为中国与外国贸易往来和文化交流的海上大通道。明朝时郑和下西洋就是古代海上丝绸之路繁盛的重要标志。

古代丝绸之路，推动了多样文化的交流，不同国家、不同民族、不同文明相互浸染。来自东方的丝绸、茶叶、陶瓷等改变了西方人的生活方式，天文历法、服装服饰、音乐歌舞等为西方打开了新的大门，中国的儒家思想、文学经典传播到了邻

① 中南半岛：半岛名，位于亚洲东南部，包括泰国、越南、柬埔寨、马来西亚的马来亚地区及新加坡、老挝、缅甸等。

国。同时，来自中亚、西亚及欧洲的珠宝、香料以及生活习俗、思想文化也与中国元素有机融合，形成了新的文化。

悠悠驼（tuó）铃声，拂去历史的黄沙，神奇的丝路再次出现在人类的眼前，人们又开始了新征程。

第十一课

民间信仰——天人相去不相远

民俗小讲堂·民间信仰

华爷爷：你们回家收拾一下行李，三天后我要带你们去拜访一位神仙！

木　兰：哇！去哪里？拜访谁？

华爷爷：三天后是中国农历三月二十三，妈祖娘娘的诞辰。在中国福建莆（pú）田，有非常隆重的祭祀活动。我们一起去开开眼界。

辰　龙：妈祖娘娘？

木　兰：我知道。妈祖娘娘是中国沿海一带人们信奉的神仙。

华爷爷：木兰说得对。古时候，沿海人民大多靠打鱼为生。海上风大浪大，十分危险，人们每次出海之前，都会祈求妈祖娘娘保佑自己能平安回来。

辰　龙： 妈祖娘娘是专门护佑渔民的神仙吗？

华爷爷： 妈祖娘娘本名叫林默。有一次，她告诉父亲和哥哥当天不要出海，会有很大的风浪，但父亲和哥哥觉得天气晴朗，坚持要出海。当天下午，海上果然狂风大作，哥哥在风浪中失去了生命。从那以后，人们便知道了林默能够预测天气，预知人的吉凶祸福，于是每次出海之前，都会去问林默。传说她在 28 岁那年救人遇难后，飞升成仙，护佑渔民，帮助他们化险为夷。人们便将林默称为妈祖娘娘，在她诞辰之日和成仙之日祭拜她。

辰　龙： 哇！她真是渔民的海上保护神啊！

华爷爷： 后来啊，对妈祖娘娘的信仰已经深深融入沿海人民的生活中，人们拜祭妈祖娘娘，希望她能保佑自己及家人平安顺利。无论是商人、手工业者，也无论是孕妇难产或人身患其他疾病，人们都认为妈祖娘娘能帮助他们排忧解难①。妈祖娘娘成为集无私、善良、亲切、慈爱、英勇等传统美德于一体的精神象征和女性代表。

木　兰： 我听说在中国之外的地方，也有不少人信仰妈祖娘娘，是吗？

华爷爷： 是的，海外华人同样建庙祭祀。目前，全世界

---

① 排忧解难：排除忧愁，解除困难。

40多个国家和地区分布着上万座从湄洲祖庙分灵的妈祖庙，有3亿多人信仰妈祖。20世纪80年代，联合国有关机构还授予妈祖“和平女神”的称号。

辰　龙：听你们这么一介绍，我对三天后的莆田之行更期待了！

民俗知识窗

妈祖信俗的由来

妈祖，又被称为“天妃”“天后”“天上圣母”“娘妈”等，是中国东南沿海地区船工、海员、旅客、商人和渔民共同信奉的神明，是民众心目中的“海神”。妈祖的原型是一名渔家女子，名叫林默。根据历史记载，林默出生于公元960年农历三月二十三，从小聪明灵慧，学习刻苦，懂天文识医理，又乐善好施①，深受乡亲们的敬仰和爱戴。林默从少女时起，就扶危济困、助人为乐，如有乡亲生病，她四处寻草药，治病救人；乡亲们出海打鱼，她预测天气变化并告诉他们风暴来临的时间和地点。公元987年农历九月初九，有人出海时遇上巨大海浪，船被打翻。林默途经此地，出手救援，自己却不幸遇

① 乐善好施：乐于行善，喜好施舍帮助穷苦人。

难。林默去世后，人们为纪念她的善行，尊称她为“妈祖”，并在她出生的地方——湄洲岛建了一座庙，对她进行祭祀。这就是位于湄洲岛上最早的妈祖庙，即妈祖祖庙。

北宋时期，有一位官员叫路允迪。他带领八艘船出使高丽（朝鲜），在海上沉没了七艘，只有路允迪所在的那艘船上看见“神女降于樯（qiáng）”而幸免于难。这位神女就是妈祖。这件事被朝廷知道之后，赐庙额“顺济”，从此，妈祖的信仰和祭祀得到了官方的认可与支持。

后来，中国福建、广东等地不断有人移民海外，妈祖的影响力便逐渐向全球扩散。曾经的妈祖只是保佑出海的海员、水手和渔民的海神，但因为她所代表的无私、善良、亲切、慈爱、英勇的品格和她彰显出的博爱、扶弱济贫、勇敢无畏、不屈不挠①的精神，信奉她的地区越来越宽广，祈求她保佑的人群也越来越多。

2006 年 5 月 20 日，妈祖祭典成为中国第一批国家非物质文化遗产。2009 年 9 月 30 日，以妈祖祭典为主要内容的“妈祖信俗”被联合国教科文组织列入人类非物质文化遗产代表名录。

---

① 不屈不挠：形容顽强斗争，在敌人或困难面前不屈服、不低头。

妈祖神像

民俗故事

妈祖的传说

有一年秋天，林默的父亲和兄长驾舟渡海北上。他们出发不久，正在家中认真织布的林默忽然变了脸色，她伏在织布机上闭起眼睛，又伸出双手紧紧抓住梭（suō），用力地按住杼①，两脚紧紧地踏着机轴，好像在拼尽全力地做什么。林默的母亲发觉后十分惊恐，急忙去推她，想要把她叫醒。这一

① 杼（zhù）：织布机上的部件之一。

推，林默失手[1]将梭掉在了地上。林默睁开眼睛，顿足高声哭了起来，她喊道："父亲得救了，哥哥坠海死了！"

林默的母亲听完十分惊慌，连忙让人打听消息。不一会儿便有消息回报，说林默的父亲和兄长出海没多久就遇上了台风。她父亲的船在惊涛骇浪[2]中好几次几乎翻船，但是好像有人稳住了船舵一般，慢慢靠近她哥哥所在的船，但快要靠近的时候，林默哥哥的船就沉没了。

原来，林默闭着眼时，脚踏着的是她父亲的船，而手抓的是她哥哥的船舵。母亲把林默叫醒，梭子掉在了地上，她哥哥的船就翻了。父亲脱险返航，而哥哥却被汹涌的浪涛吞没了。

在古代，由于航海技术不发达，在海上讨生活的渔民往往很难预防变幻莫测的恶劣天气带来的灾难，便企盼得到神灵保佑，也因此赋予林默"海上女神"的寄托，深信她能救己于危难、护佑自己海上航程一帆风顺。林默去世后，人们感念她的善行，奉她为掌管海上航运的女神，尊称她为"妈祖"。

妈祖信俗

奉祀妈祖，目的是"崇德报功"，一方面是要弘扬妈祖温

---

① 失手：指没有把握好，造成不好的结果。

② 惊涛骇浪：猛烈的风浪。

良泛爱、振穷周急、舍己救人的美德，另一方面显示了人们战胜自然灾害、努力实现与自然和谐共处的意愿。

妈祖信俗主要由祭祀仪式、民间习俗和故事传说三大系列组成。

1. 祭祀仪式

祭祀仪式分为家庭祭祀和宫庙祭祀两种。

家庭祭祀包括：

（1）“船仔妈”崇拜。渔民和航海者在船上供奉妈祖神像，祈求航海安全。

（2）对海祭拜。渔民、船民在海边或沙滩上面对大海摆上供桌、供品祭拜。

（3）家中祭拜。渔民和居民在家中的神龛上供奉妈祖像。

此外，人们还可以在汽车中挂妈祖像，祈求出入平安。

宫庙祭祀分为日常祭祀和庙会祭祀两种。

（1）日常祭祀。信众到妈祖庙向妈祖神像行礼，主要包括献鲜花、点香火、摆供品、行跪拜礼、燃鞭炮、烧金帛、题缘金等仪式。

（2）庙会祭祀。每年在妈祖的诞辰农历三月二十三日和妈祖的忌辰农历九月初九日，各地妈祖庙都会举行隆重的祭典，这与陕西黄帝陵祭典、山东祭孔大典一同被列为“中华三大祭典”。湄洲妈祖祭典于2006年被中华人民共和国国务院列入首批国家级非物质文化遗产名录。

很多外地的妈祖敬仰者无法到湄洲妈祖祖庙进行朝拜，却又很想敬拜妈祖，于是分灵妈祖的现象开始出现。分灵妈祖可以说是妈祖的分身。敬仰者们认为，分灵出去的妈祖，一如世俗远嫁的女儿，每隔一段时间就要回到“娘家”谒（yè）祖，即到湄洲妈祖祖庙寻根，重新沾一沾妈祖的灵气，让妈祖的“灵应”持续不衰。

2. 民间习俗

（1）演戏酬神。妈祖分灵庙如举行庆典活动或者戏剧演出，都要恭请妈祖神像驾临观赏或请戏班演员到妈祖神像前“弄仙”。

（2）妈祖元宵。湄洲岛每年正月初八日到十八日，各家各户都恭请妈祖神像参加元宵活动。

（3）谢恩敬神。家族举行感恩上天仪式，男女老少统一着装列队到妈祖庙敬请妈祖参加。

（4）妈祖游灯。渔民、农民、市民等在节日晚上提着“妈祖灯笼”绕游。

（5）妈祖服饰。妈祖服饰包括妈祖服和妈祖髻。民间形容其为“帆船头、大海衫，红黑裤子寄平安”。妈祖服主要由蓝、红、黑三色组成。蓝色代表大海，红色代表吉祥，黑色代表思念，寓意永保平安吉祥。妈祖髻以帆形为主要特征，头顶发型常常梳成帆船形状，寓意妈祖心系大海、身许大海、终身不嫁的志向。

妈祖服

（6）圣杯问卜。问卜时用木质半月形“圣杯”，向妈祖祈求解决疑难问题的办法。

（7）换花求孕。湄洲已婚未育妇女与妈祖神像“换花”，求赐孕。“换花”的日期选在农历八月十六日的晚上，在事先栽好的花树前摆好果酒、祭品、焚香合掌，心中默求妈祖恩赐。

（8）佩戴香袋。信众到妈祖庙祈取香袋佩戴在小孩身上，以保平安。

（9）诞辰禁捕。湄洲渔民在妈祖诞辰日前后自发不下海捕鱼，体现人与自然和谐相处的意愿。

（10）妈祖彩车。妈祖巡游队伍中装扮有关妈祖故事的彩车。

（11）大门贴符。百姓在大门上贴着妈祖的神符。

（12）颈项佩玉。信众脖子上挂着妈祖的玉像。

（13）托看小孩。如果父母外出，将小孩托付给妈祖庙看护。

（14）妈祖挂脰①。在妈祖巡游的过程中，信众在妈祖神像的颈项上挂上用红绳子系的金锁、银锁或钱币。

3. **故事传说**

妈祖信俗在传承的过程中，留下了许多动人的传说故事，见于档案史料、志书、奏章、碑记、摩崖石刻、壁画、匾（biǎn）额、楹（yíng）联、诗词、散文、书法、图画、戏曲、俚（lǐ）歌等。

关公

关公，又名关圣、关圣大帝，即三国时期蜀汉的关羽。他在与吴国的战斗中死去之后，被封侯，并于当地建庙，接受民众的供奉。自隋唐以来，关公信仰被不断丰富。特别是明清以

① 脰（dòu）：脖子。

后，随着《三国演义》等文学作品的传播，关羽逐渐为人们所熟知，关公信仰进一步发展成为全民信仰。

关公在不断被神圣化的过程中，也被赋予了巨大的神力。由于他生前是一位战功赫赫的武将，在民间被视为“战神”。明清以来，关公战神的地位越来越高。他神武善战，人们纷纷奉其为“军神”，供奉他的关帝庙遍及全国。

关公神像

在民间，关公的神力和降雨也密切相关。旧时，每逢天旱，各地民众便在农历五月十三日举行祭祀仪式，向关公祈雨。平日遇到旱情，人们也会向关公求雨。比如，河南省封丘县的民众大多在庙外放置关公神像，早晚焚香，直到下雨后才进庙致奠，或向金像献戏。

关公还是 20 多个行业的祖师爷①或保护神。描金业、皮箱业、皮革业、烟业、香烛业、绸缎业、成衣业、厨业、盐业、豆腐业、屠宰业、糕点业、干果业、理发业、银钱业、典当业、教育业以及命相②家、军人、武师等职业都在其中。

① 祖师爷：一派学术、技艺、宗教或行业的创始人。

② 命相：指八字，命数。

第十二课

民间智慧——方便风开智慧花

民俗小讲堂·民间智慧

木　兰：华爷爷，我发现中国的汉字好神奇！您看，“日”“月”的甲骨文，写成“⊖”“☽”，好形象啊！

华爷爷：汉字是世界上最古老的文字之一，已经有6000多年的历史了。有人说，汉字起源于古人结绳记事；也有人说是黄帝时期的史官仓颉（jié）创造了汉字，供各部落交流使用；还有人说，是古人在木条上或竹条上刻痕记事，进而产生了汉字。不管怎样，汉字都显示出中国人的无穷智慧，并让中华文明绵延至今。

辰　龙：我听中国人说过一句话：“智慧在民间。”这说的是中国民间的老百姓很聪明、很有智慧，对吗？

华爷爷：你这句话说得好！在中国，历史是人民群众创造的，人民群众的智慧无处不在。人们在长期的生活和劳动经验中，总结出了很多规律和道理，既通俗易懂，又能给人启迪。

辰　龙：您能举些例子吗？

华爷爷：辰龙，你和木兰明天是不是打算去放风筝？我猜呀，你们放不成了！因为古人告诉我“星星密，雨滴滴；星星明，来日晴”。你们看，今晚繁星密布，明天很可能是雨天！

木　兰：华爷爷，您还能预报天气？

华爷爷：现代科学发达了，能较准确地预报天气了！但在古代，靠的就是老百姓之间流传的“谚语”。例如：“朝霞不出门，晚霞行千里。”它的意思是，如果早上看到天空有彩霞，那么可能天气不好，最好不要外出；如果晚上看到了彩霞，则预示着好天气，可以安排外出活动了。

辰　龙：这太神奇了！我明天要仔细观察，看看对不对。

神奇的中国汉字

中国民间流传着很多口口相传的故事。这些故事从历史事件、历史人物中取材，与地方风物相关，充满幻想、趣味与奇幻色彩，也融入了民族文化与道德观念。下面就介绍三个流传颇广的传说故事。

牛郎织女

相传在很久以前，南阳城牛家庄里有个聪明、忠厚的小伙子，小伙子的父母早亡，只好跟着哥哥嫂子生活，经常要做很多活儿。一年秋天，嫂子让他去放牛，并给他九头牛，让他等有了十头牛再回家。

牛郎独自一人赶着牛进了山。在草深林密的山上，他坐在树下伤心，不知道何时才能有十头牛。这时，有位须发皆白的老人出现在他的面前，问他为何伤心。了解情况后，老人笑着说："别难过，在伏牛山里有一头病倒的老牛，你去好好喂养它，等老牛病好以后，你就可以赶着它回家了。"

牛郎翻山越岭，走了很远的路，终于找到了那头生病的老牛。他看到老牛病得厉害，就去给老牛打来一捆捆草，一连喂了三天，老牛吃饱了，才告诉他："我本是天上的灰牛大仙，因触犯了天规被贬①到凡间②，摔坏了腿，无法动弹。我的伤需要用百花的露水洗一个月才能好。”牛郎不畏辛苦，细心地照料了老牛一个月，白天为老牛采花接露水治伤，晚上靠在老牛身边睡觉。等老牛病好后，牛郎高高兴兴地赶着十头牛回了家。

回家后，嫂子仍旧对他不好，曾几次要加害他，都被老牛设法相救。最后，嫂子恼羞成怒把牛郎赶出家门，牛郎带走了那头老牛。

一天，天上的织女和其他仙女一起到凡间玩耍。牛郎在老牛的帮助下认识了织女，二人互生情意。后来织女便偷偷来到人间，做了牛郎的妻子，生了两个孩子，幸福地生活在一起。织女还把从天上带来的天蚕分给周围的乡亲，教大家养蚕、做丝，织出又光又亮的绸缎。

织女的母亲王母娘娘来到凡间，强行把织女带回天上，恩爱夫妻被拆散。牛郎上天无路，无奈伤心。老牛再次帮助了牛郎，让他带上儿女，上天去追织女。谁知，王母娘娘拔下头上的金簪一挥，划出了一道波涛汹涌的天河。牛郎和织女被隔在两岸，只能相对哭泣。他们的爱情感动了喜鹊（què），千万只喜鹊飞来，搭成鹊桥，让牛郎织女走上鹊桥相会。王母娘娘对此也无奈，只好允许两人在每年农历七月初七日于鹊桥相会。

① 贬：被降职、降级，外放到不好的地方。
② 凡间：人间。

后来，每到农历七月初七日，姑娘们就会到花前月下[①]，抬头仰望星空，寻找银河两边的牛郎星和织女星，希望能看到他们一年一度的相会，也乞求上天能让自己像织女那样心灵手巧，祈祷自己能有称心如意的美满婚姻，这一习俗渐渐演变成了“七夕节”。

牛郎织女

梁山伯与祝英台

东晋时期，有一个祝家庄，庄里有一户有钱人家。这家主

① 花前月下：本指景色优美的环境，后多指男女约会谈情的美好情境。

人祝员外没有儿子，只有一个女儿名叫英台。英台聪颖好学，才貌双绝。有一天，英台女扮男装，远去杭州求学。途中，她遇到了同样要去求学的书生梁山伯。两人一见如故，相谈甚欢。

英台与山伯做了三年同窗，其间曾一起去齐鲁拜孔圣，又同到东吴游学。山伯不仅很有才华，而且为人忠厚正直，英台很喜欢他。三年之中，英台始终以男装示人，山伯不知英台为女子。

三年后，因英台快到及笄的年龄了，祝员外就把她叫回了家。梁祝二人依依不舍，互赠信物。山伯送了英台古琴、长剑，英台回赠山伯折扇。英台多次借物抒怀，向山伯暗示爱慕之情。但忠厚纯朴的山伯没能领会英台的意思。临别时，英台又假装说要介绍家中的九妹给他，并约定时日，请山伯来祝家提亲。

后来，山伯到祝家拜访。英台一身女装前来相见，山伯这才知道英台是女子。山伯正打算求婚时，才知道祝员外已经将英台许配给太守的儿子马文才。山伯顿时悲痛至极。两人临别立下誓言：“生不能成婚，死也要成双。”

不久，山伯忧郁成疾，离开人世，死后葬在村西胡桥。英台得知消息后，非常悲痛，决定以身殉情①。出嫁当日，英台

---

① 殉（xùn）情：男女因爱情不能有圆满的结果而自杀（这种做法是不可取的）。

坚持要从胡桥经过，祭奠山伯。婚轿到山伯墓前时，英台上前祭吊，伤心痛哭，最后用力撞击墓碑。这时，突然狂风大作，天空混沌①，飞沙走石②，大地裂开数米，英台掉入其中。风停雨过后，天空中彩虹高悬，有两只蝴蝶（húdié）翩（piān）翩起舞。据说，那是梁山伯与祝英台的精灵所化。二人你情我浓，形影不离，比翼双飞③于天地之间。

梁山伯与祝英台

在梁祝故事长期传播过程中，在梁祝的“家乡”，特别是

---

① 混沌（dùn）：天地模糊一团的状态。

② 飞沙走石：沙土飞扬，石块滚动。形容风力迅猛。

③ 比翼双飞：雌、雄比翼鸟并翅齐飞，比喻男女情投意合、很恩爱。

在山东省济宁市微山县马坡村周围，形成了“梁”“祝”“马”三姓不通婚的风俗。在嘉祥县梁宝寺一带流传着农村盖新房时有打夯唱“梁祝夯歌”的风俗，表达“盖新房、娶新娘、憧憬未来”的美好愿望。后来，人们用音乐、歌舞、戏曲等多种艺术形式演绎梁山伯与祝英台之间的爱情故事。这其中蕴含了人们对真挚爱情的向往和追求，也传递了珍惜生命、珍视友情、坚持正义等积极向上的价值观。

白蛇传

很久很久以前，深山里有一个通体雪白的千年蛇妖，名叫白素贞。她天生具有灵性，又经过了千年的修炼①，具有了法力②，可以化成人形。她还有一个干妹妹，叫小青，是一条小青蛇化成的。姐妹俩常常变化成人形，四处游玩。

白素贞修炼到了即将飞升成仙的境界，却发现自己在人间还有一桩恩情未报，而报恩③的对象便是许仙。许仙是杭州一家药铺的学徒，性情温良淳厚，却又有些懦（nuò）弱。有一天，白素贞化作人身前往杭州打算报恩，心里想着：要么给他荣华富贵，要么帮助他金榜题名，快快了结因缘便好。秋日的

---

① 修炼：道教的修道炼气、炼丹等活动。

② 法力：佛法或道法的能力，泛指神奇的力量。

③ 报恩：报答恩情，如养育之恩、救命之恩、培育之恩等，指受到别人的恩情，给予回报，是中国传统美德，是做人的优秀品质。

西湖边，凉风习习，阴雨连绵。白素贞与小青在人群中寻寻觅觅，盼望早日找到许仙。忽然，天空中阴云密布，转眼之间，就下起了大雨。白素贞和小青无处藏身，眼看就要被大雨淋湿了。正在发愁的时候，许仙出现了，撑着雨伞为她们遮雨，还把自己的伞借给了她们。几天以后，白素贞和小青到许仙家还伞。此后一来二去，许仙与白素贞之间互生爱慕之情，不久就成亲了。

成亲以后，许仙和白素贞带着小青，开了一间药店。许仙医术高超，心地又善良，治好了很多疑难杂症，遇到穷苦的百姓还赠医赠药，不收分文。白素贞则经常到山里去采摘草药，帮助丈夫。两人彼此恩爱，幸福地生活着。

然而这时，他们遇上了一个大麻烦——法海和尚。法海是金山寺住持①，以降妖除魔为己任。他与白素贞的恩怨还要从1000多年前说起。那时，白素贞还是一条小白蛇，在深山里被捕蛇老人捉住，眼看性命不保，一个小牧童恰巧路过，看那小白蛇可怜，便央求捕蛇老人放了它。捕蛇老人见牧童情真意切，心软之下放了小白蛇。捕蛇老人便是法海前世，小牧童是许仙的前世。后来，白蛇修炼成人形，她发现捕蛇老人已经转世成为得道高僧，于是趁他出去采药的时候偷吃了他的仙丹。法海回来后，发现仙丹没了，知道是白素贞偷吃了，便发誓要

① 住持：主持一个佛寺的和尚或主持一个道观的道士。

收服这个妖精[1]。两人的梁子就此结下。

法海为吸引白素贞与自己正面对决，便把许仙软禁在金山寺。白素贞果然前往金山寺，同法海斗法[2]，并为了救许仙而水漫金山。水灾使当地生灵涂炭[3]，百姓生活困苦，白素贞因此触犯了天条[4]。白素贞生下一个孩子后，被法海收入紫金钵（bō）中，紫金钵被镇压在雷峰塔下。直到西湖水干，雷峰塔倒，白素贞才能得救。

许仙与白素贞的孩子名叫许仕（shì）林，从小聪明伶俐（línglì），有过目不忘的本事，是天上的文曲星[5]下凡。长大后，他参加科举[6]，考中状元，以赤诚之心感动了上天，终于把母亲从雷峰塔下救出，一家人得以团聚。

后来，人们借许仙与白素贞的曲折爱情故事，表达了对男女自由恋爱的赞美，对美好生活的向往和追求。这个故事在民间广泛流传，其中许仙用雄黄酒解蛇虫诸毒，从而使白蛇现原形的情节，使得中国传统节日端午节饮雄黄酒、以雄黄酒解毒的习俗进一步传播开来。现在，这一习俗在长江流域仍很盛行。

---

① 妖精：传说物体或生物变化成的精灵。
② 斗法：用法术相斗。
③ 生灵涂炭：形容人民生活在非常艰苦的困境中。
④ 天条：上天的法律、法规。
⑤ 文曲星：星名，即文昌星。旧时传说文昌星主管文运，也指文才非凡的人。
⑥ 科举：指中国从隋唐到清代的分科考选文武官吏后备人员的考试制度。

白素贞与许仙

民俗故事

仓颉造字

仓颉是黄帝的史官。据说，他的样貌非常奇特，长着四只眼睛，嘴角上有像龙的胡须。那时候，部落里最重要的财物就是牲畜和粮食，仓颉就承担着记载财物数目的责任。

那时没有文字，也没有数字，人们只能采用结绳记事的办法。仓颉一开始也是用这个办法记载牲畜数量的。他用不同颜色的绳子代表不同的牲畜，比如绿色的藤绳代表马，黄色的麻绳代表牛，每当数量增加一只，他就在绳子上多打一个结。后来，因为黄帝治理有方，部落不断壮大，牛马也越来越多，一根绳子上打了几十个结后就无法再使用了，只能换另一根绳子。又因为绳子都是用植物编成的，时间久了就会松散，甚至断掉，这就导致数目不够准确。仓颉一直想寻找一种新办法来代替结绳记事。

这一天，仓颉和部落里的猎人去森林中狩（shòu）猎。走到一个三岔路口时，众人不知道该往哪里去。这时，有三个年长的猎人发表了不同的看法。一个猎人说："应该往北走，北方有鹿群。"另一个猎人说："应该往南走，南方有老虎。"还有一个猎人说："应该往西走，西方有一群羚（líng）羊呢。"仓颉觉得十分奇怪，问他们是如何知道前方有什么猎物的？猎人们告诉他，只要在地上仔细观察，就能发现动物们的脚印，根据脚印的形状，就能判断是哪种动物。仓颉蹲在地上一看，脚印果然各不相同。他的脑子顿时灵光一现：人们可以根据脚印判定是什么动物，那么我为什么不发明一种类似脚印的符号来代替结绳呢？

回家后，他先将动物的符号创造出来，比如仿照羊的样子造出"♈"，仿照牛的样子造出"¥"。造完动物的文字，他又开始造气象的文字，比如太阳就是"⊖"，月亮就是"D"，雨就是"冂"。仓颉造的字越来越多，他把这些文字给黄帝看了，黄帝十分满意，对他大为嘉许，并让他造出更多的字。

这一年，仓颉跟随黄帝到南方去狩猎。他在洛（luò）南不远处的河岸旁发现了一只巨大的乌龟，这只乌龟似乎活了几百年，背部的纹路都很深了。他仔细观察龟壳上的纹路，竟然看出一些门道[①]来：这和自己创造的文字是多么相像啊，只不过更加复杂而已。他一下子就领悟了，当即发明了 28 个字，刻在山边的一块大石头上。

仓颉回到部落，造出了更多的文字，他将所造的文字和含义告诉人们。人们对这种新的记事方法十分感兴趣，都积极地向仓颉学习。仓颉所创造的文字流传下来，不断演变，形成了今天的汉字。

仓颉画像

① 门道：技巧，本领。

灯谜

灯谜是中国一项富有民族风格的民俗文娱活动。古时，每逢农历正月十五日，民间都要挂起彩灯，燃放焰火，后来有人把谜语写在纸条上，贴在五光十色的彩灯上供人猜。因为谜语能启迪智慧又富有节日气氛，所以响应的人众多，渐渐就成为元宵节不可缺少的活动。

灯谜由谜面、谜目和谜底三个部分组成。谜面是告诉猜谜者的条件，谜目是限定所猜的范围，谜底就是答案。比如，灯谜“加把力，就成功（猜一个字）”，其中“加把力，就成功”是谜面，“猜一个字”是谜目，“工”是谜底。因为谜面中“功”字可以拆分为“工”和“力”，给“工”字加上一把“力”，就成了“功”字，所以谜底就是“工”。

下面这些灯谜，大家一起来猜猜吧！

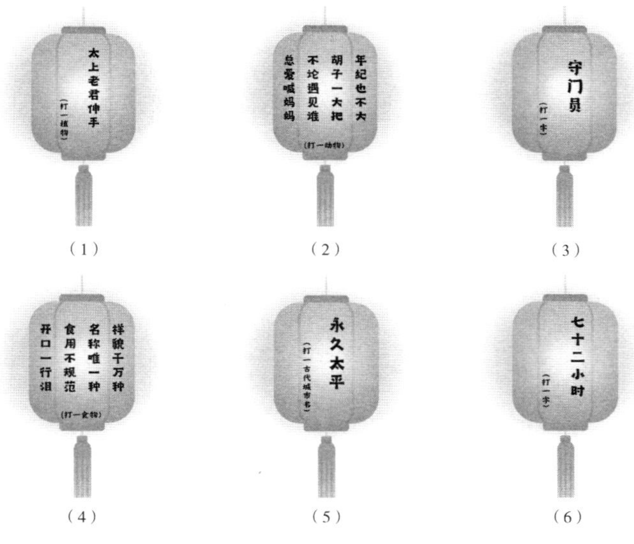

（1）　（2）　（3）

（4）　（5）　（6）

（谜底见本课最后）

民俗知识拓展

孔子的“义”

相传，孔子有弟子三千，颜回是其中很有名的一位。一日，颜回上街，见一布店前围满了人，上前一看，买布的人与卖布的人发生了纠纷。买布的人大喊：“三八就是二十三，你为什么要收我二十四个钱?”

颜回上前，行了一个礼，说："这位大哥，三八是二十四，怎么会是二十三呢？是你算错了。"买布的人指着颜回的鼻子说："谁请你出来评理的？要评理，只能找孔夫子，三八是多少，只有他说了算！"

颜回说："好，如果孔夫子评你错了怎么办？"买布的人说："评我错了，输上我的头。如果评你错了呢？"颜回说："评我错，就输上我的冠。"二人打着赌，去找孔子评理。

孔子问明情况，对颜回笑笑，说："三八就是二十三哪！你输啦，把冠取下来给人家吧！"

颜回从不跟老师顶嘴，见孔子评他错了，就老老实实摘下帽子，交给了买布的人，买布的人得意地走了。

对孔子的评判，颜回表面上服从，心里却想不通，认为孔子是老糊涂了。孔子告诉他说："你想想，昨天我评你输了，你只是输了一个冠。可如果我说你是对的，他输的可是一条人命啊！你说冠重要还是人命重要呢？"颜回恍然大悟："老师看重大义，不计较小是小非，学生却以为老师您老糊涂了！学生真是惭愧万分！"

这个故事中的纠纷在今天来说是很简单的，连小孩都能轻松地算出"$3\times8=24$"。有的人也会认为，孔子说的是假话，应该要尊重事实。但是，在孔子生活的那个时代，是诸侯混战、平民生命如草芥（jiè）的时代。贵族为了一己之利，可以发动战争，伤害无数生命。孔子在判定自己心爱的弟子"输了"的同时，用实际行动教育了学生，告诉其什么是真正的仁爱。为了践行仁爱，他宁可舍弃自己一代大师的名誉，说出一个错误的答案，也绝不轻易牺牲一条卑微无知的性命；宁可委屈自己的学生，也绝对要保护一个陌生人的生命；宁可失信[①]于学生，也不失爱于人民。

孔子

本课灯谜谜底：

（1）仙人掌。太上老君是神仙，仙人伸出手掌就是仙人掌。

（2）闪。守门员是守在球门中的，守门员是一个人，所

① 失信：违背协议或诺言，失去信用。

以是一个人在门中间，就是汉字中的“闪”字。

(3) 山羊。山羊的叫声是“咩（miē）咩咩”，与汉语中的“妈妈”谐音。

(4) 汤圆。汤圆的形状各式各样，如果吃的时候不注意，里面的馅儿便会流出来，像一行“泪”。

(5) 长安。今陕西省西安市，古称“长安”，有“长盛久安”之意。

(6) 晶。一天是二十四小时，七十二小时就是三天，即三日，三个“日”加在一起，是“晶”字。

参考文献

[1] 陈荣. 春节习俗与古代冬春祭祀初考 [J]. 青海师范大学学报（哲学社会科学版），2009（5）.

[2] 陈玉新. 中国人的传统节日 [M]. 北京：化学工业出版社，2020.

[3] 崔普权. 婚服与民俗 [J]. 北京档案，2013（4）.

[4] 戴平. 中国民族服饰文化研究 [M]. 上海：上海人民出版社，2000.

[5] 高春明. 中国历代服饰艺术 [M]. 北京：中国青年出版社，2009.

[6] 侯杰，王小蕾. 民间信仰史话 [M]. 北京：社会科学文献出版社，2012.

[7] 胡元斌. 人间妈祖天宫 [M]. 汕头：汕头大学出版社，2016.

[8] 焦治平. 论藏族的丧葬风俗 [J]. 康定民族师范高等专科学校学报，2003（3）.

[9] 李大伟. 震撼世界的中国民间智慧 [M]. 北京：中国文联出版社，2015.

［10］李长之．孔子的故事［M］．北京：人民文学出版社，2018.

［11］李时佳．神秘文化数生肖［M］．郑州：河南大学出版社，2005.

［12］李学勤．中国丧葬礼俗·序［J］．东南文化，1991（2）.

［13］林祖良．妈祖［M］．福州：福建教育出版社，1989.

［14］刘魁立，张旭．二十四节气民俗文化［M］．北京：中国社会科学出版社，2010.

［15］刘魁立．中国节典：四大传统节日［M］．合肥：安徽教育出版社，2008.

［16］刘黎明．中国血缘亲族习俗：祠堂·灵牌·家谱［M］．成都：四川人民出版社，2009.

［17］刘媛．中国神话与民间传说大全集［M］．北京：中国华侨出版社，2011.

［18］楼慧珍，吴永，郑彤．中国传统服饰文化［M］．上海：东华大学出版社，2003.

［19］罗开玉．中国丧葬与文化［M］．海口：海南人民出版社，1988.

［20］孟琢．汉字就是这么来的：走进汉字世界［M］．长沙：湖南少年儿童出版社，2020.

［21］缪良云．中国衣经［M］．上海：上海文化出版

社，2000.

［22］聂杨．中国民间故事［M］．北京：北京燕山出版社，2019.

［23］莆田学院妈祖文化研究院，莆田市湄洲妈祖祖庙董事会．妈祖文化年鉴［Z］．厦门：厦门大学出版社，2022.

［24］史静娴．玉皇大帝传说［M］．北京：中国社会出版社，2006.

［25］温军．中国少数民族丧葬的类别、成因及改革建议［J］．西北民族学院学报（哲学社会科学版），2002（2）.

［26］乌丙安．中国春节：祭典与庆典严密组合的传统行事［J］．江西社会科学，2011（1）.

［27］乌丙安．中国民间信仰［M］．上海：上海人民出版社，1995.

［28］萧放．春节习俗与岁时通过仪式［J］．北京师范大学学报（社会科学版），2006（6）.

［29］徐彻，陈泰云．民间百神［M］．上海：上海三联书店，2019.

［30］徐吉军．中国丧葬史［M］．武汉：武汉大学出版社，2012.

［31］雪犁．中华民俗源流集成（仪礼丧葬篇）［M］．兰州：甘肃人民出版社，1994.

［32］尹黎云．中国人的姓名文化与命名艺术［M］．北京：华艺出版社，2005.

[33] 张国蜀，丁燕平，司裕强. 丧葬习俗与殡葬文化 [J]. 民政论坛，1995 (2).

[34] 张岂之. 中国传统文化 [M]. 北京：高等教育出版社，2005.

[35] 张紫晨. 中国民俗与民俗学 [M]. 台北：南天书局有限公司，1995.

[36] 赵瑞民. 姓名与中国文化 [M]. 北京：中央编译出版社，2016.

[37] 郑土有. 关公信仰 [M]. 北京：学苑出版社，1994.

[38] 周丹迪，岳书法. 浅析近代以来中国婚嫁民俗的演变 [J]. 文化学刊，2012 (1).

[39] 周德元. 中华姓氏起源与内涵 [M]. 南宁：广西民族出版社，2010.

[40] 周秀廷. 妈祖 [M]. 福州：福建美术出版社，2005.